KRANKHEIT ALS BEWUSSTSEINSGENESE /
HEILUNG DURCH SELBSTERKENNTNIS

Das Buch:

Anliegen dieses Buches ist es, aufzuzeigen, dass Ätherkörper und physischer Körper ein Lebensganzes auf verschiedenen Manifestationsebenen sind. Dabei soll deutlich werden, dass Krankheiten immer beide Manifestationsebenen betreffen und dass sie sowohl Abbildcharakter für eine dahinter stehende geistige Wirklichkeit besitzen, d.h. Hinweise auf mögliche Ursachen geben, als auch eine Botschaft an den von Krankheit betroffenen Menschen mit sich bringen, die es zu entdecken und zu beherzigen gilt, d.h. Hilfen zu einer ganzheitlich verstandenen Heilung enthalten.

Fragen oder Anregungen sind erwünscht unter *dr.smig@web.de.*

Der Autor:

Prof. Dr. Werner Smigelski, geb. 1929 in Leipzig ist emeritierter Hochschulprofessor. Vor über 30 Jahren wandte er sich auf innere Eingebung der Mystik zu und lebt seitdem zurückgezogen in der Eifel. Er empfängt seitdem spirituelle Durchsagen und ist ein detaillierter Kenner der mystischen Überlieferungen aller Weltreligionen. Die zentrale Botschaft in seinen Werken ist eine Zusammenschau wichtiger spiritueller Texte zum Inneren Weg, die im Kern aller Überlieferungen offenbar werdende und im göttlichen Geheimnis selbst begründete wesentliche Einheit aller Religion. Die Erschließung dieser bisher eher fragmentarisch nebeneinander stehenden Überlieferungen für eine heute – im Zuge einer spirituellen „Globalisierung" – anstehende religiöse Neubesinnung ist das Anliegen seiner Schriften, die allen denen gewidmet sind, die einen tieferen Einblick in den großen Sinnzusammenhang der Menschheit als Teil des Universums suchen.

Vom gleichen Autor sind erschienen:
* *Telepathie – Kommunikation der Zukunft,* ISBN 3-8334-3158-X
* *Der Traum des Jakob,* ISBN 3-86548-488-3
  (unter dem Pseudonym Anonymos)
* *Wege zur Erleuchtung – zwischen Selbsterkenntnis und Verblendung,*
  ISBN 978-3-8334-6984-8
* *Inkarnation,* ISBN 978-3-8334-8509-1
* *Schöpfung,* ISBN 978-3-8370-4821-6
* *Unschärferelation von Geist und Materie,* ISBN 9783837097061
* *Ätherkörper und Quantenbewusstsein,* ISBN 978-3-8391-8283-3

Krankheit als Bewusstseinsgenese / Heilung durch Selbsterkenntnis

Werner Smigelski
Durchsagen von Anonymos

1. Auflage 2011 © Prof. Dr. Werner Smigelski

Alle Rechte liegen beim Autor
Herstellung und Verlag: BoD - Books on Demand, Norderstedt

ISBN 978-3-7460-4963-2

Buchgestaltung:
tastdesign, Düsseldorf, www.tastdesign.de
Umschlagbild: Lizenzfreies Stockmaterial, Illustration-Composing

Bibliografische Information Der Deutschen Bibliothek:
Die Deutsche Bibliothek verzeichnet diese Publikation in der Deutschen
Nationalenbibliografie; detaillierte bibliografische Daten sind im Internet
über <http://dnb.ddb.de> abrufbar.

Inhalt

Vorwort

Das fundamentale Spannungsfeld zwischen Geist und Materie, in welchem die gesamte Schöpfung existiert, ist auch in der Doppelnatur des Menschen auf exemplarische Weise realisiert und manifestiert, ist der Mensch doch in seiner Natur gleichermaßen geistbegabte Materie und verkörperter Geist, oder Einheit von Leib, Seele und Bewusstsein; denn parallel zum grobstofflichen Körper besitzt der Mensch einen feinstofflichen Körper, den „Ätherkörper". Alle Energien, die der Mensch zum Leben benötigt, werden durch diesen feinstofflichen Körper empfangen und weitergeleitet. In diesem Prozess ist der grobstoffliche Körper lediglich der „Resonanzboden" für die feinstofflichen Einstrahlungen des Ätherkörpers, wobei beide Körper nicht im Sinne einer Kausalität miteinander verbunden sind, sondern im Sinne einer gegenseitigen, analogen Durchdringung. Eine Störung in der wechselseitigen Resonanz erlebt der Mensch als Krankheit, so dass es im Leben primär darum geht, beide „Körper" in einem harmonischen Gleichgewicht zu halten. Dabei kann durch eine einseitige Dominanz des grobphysischen Körpers die Wirksamkeit des Ätherkörpers eingetrübt und blockiert werden, andererseits können Frequenzüberspannungen im „Bewusstseinskörper" sich in analogen Entsprechungen im grobstofflichen Leib niederschlagen. Die Auflösung solcher Störungen ist einzig und allein über eine völlige Bewusstwerdung dieser immanenten Prozesse möglich und erfolgt über das Zusammenwirken von Ätherkörper und Quantenbewusstsein[1]; denn der Ätherkörper ist nicht nur der Energielieferant für den grobstofflichen Körper, sondern über ihn geschehen auch alle Bewusstseinsvorgänge. Insofern repräsentiert der Ätherkörper durch seine Frequenzen auch den jeweiligen Level des Bewusstseins eines Menschen, was wiederum die „Verfassung" eines Menschen im Leben bestimmt. Darum sollte man in allen heilenden Bemühungen bei Erkrankungen nicht allein die Wiedergesundung als finales Ziel sehen, sondern immer auch die mit einer Erkrankung verbundenen Voraussetzungen des jeweiligen Bewusstseinslevels beachten, und das bedeutet, die Selbstheilungsmöglichkeiten aller Funktionen des Ätherkörpers im Sinne eines „gesunden Bewusstseins" mit einzubeziehen – *mens sana in corpore sano* – was frei übersetzt heißt: *„nur ein gesunder Geist bewirkt letztendlich auch einen gesunden Körper"*.

---

[1] Smigelski „Ätherkörper und Quantenbewusstsein"

Um diese Zusammenhänge zwischen Bewusstsein, Gefühlen und physischen Antriebsstrebungen geht es in der vorliegenden Schrift. Dabei führen alle Überlegungen nicht nur über vordergründige Analogien zwischen Krankheitssymptomen und verursachenden Verhaltensformen des Menschen hinaus, sondern es geht primär auch um die Aufdeckung des Bewusstseinshintergrundes, der ursächlich für das Entstehen von Krankheitsverläufen verantwortlich ist. Denn allein über eine erkennende Bewusstwerdung aller negativen Gedanken und Gefühlsregungen, die wiederum auf physischen Antriebsgestalten basieren und im Kortex zu negativen Bewusstseins-Frequenzmustern kulminieren, sind die Ursachen für Erkrankungen zu finden. Diese epigenetischen Energie-Einstrahlungen wirken auf den Körper zurück und rufen dadurch somatische Störungen hervor, der physische Körper selbst ist nämlich kein Prinzip, sondern lediglich der biologische Träger, der durch die „ätherische Substanz" unter der Kontrolle der Seele in einer Form zusammengehalten wird. Er ist in seinen Reaktionen automatisch und leistet ungezählten äußeren Antrieben und inneren Impulsen Folge, hat aber selbst kein Leben, das eine Initiative entwickeln könnte, sondern besteht aus Energieeinheiten wie alles andere in der Natur auch und ist zeitlich begrenzt und sterblich.

Die neuesten Fortschritte in der Zellbiologie kündigen einen wichtigen Wendepunkt in der Wissenschaft an, nämlich dass es eine Illusion ist zu glauben, unsere Gesundheit allein sei in unseren Genen vorprogrammiert. Auch hinsichtlich des Bewusstseins muss man seit Gebsers[2] großangelegtem Entwurf über die Bewusstseinswandlungen in der menschlichen Entwicklung einsehen, dass diese Wandlungen wesentlich entscheidender für die gesamte Menschheit waren als alle bisher entdeckten genetischen Aspekte. Obwohl das allgemeine Bewusstsein vom Glauben durchdrungen ist, dass unser Leben genetisch vorherbestimmt sei, enthüllt sich allmählich ein fundiertes neues Verständnis in der Führungsriege der Wissenschaft – das ist im Moment auf dem Sektor der Physik so, der Biologie und auch der Medizin – und diese parallele Spur beweist, dass nichts isoliert vom anderen bestehen kann, sondern dass alles zusammenhängt und miteinander verwoben ist. Denn „*der Mensch ist nicht ein zoologischer Typus wie die anderen Geschöpfe der Natur, sondern der Kernpunkt einer universellen Bewegung, in der sich – begrenzt auf unseren Planeten – etwas offenbart, was wahrscheinlich die charakteristischste und aufschlussreichste Grundströmung der uns umgebenden Unendlichkeit ist. Der Mensch ist das Ziel, auf das hin und in dem das Universum sich einrollt.*"[3]

[2] Jean Gebser „Ursprung und Gegenwart"
[3] Teilhard de Chardin „Die Entstehung des Menschen"

Einleitung

Die menschliche Entwicklung

Es gibt zwei Hauptlinien der menschlichen Evolution: Eine der physischen Gestaltwerdung und eine zweite, die den „Bewusstseinskörper" – den „Denker" in der Form – betrifft. Der Verlauf ist für beide verschieden und nicht immer „zeitlich" parallel und deckungsgleich. In diesem permanenten Umwandlungsprozess gibt es sowohl im Bewusstsein, als auch im äußerlichen Erscheinungsbild der Menschen eine Art „Höherentwicklung". Gebser erfasste und benannte diese Bewusstseinsentwicklung in wechselnden Zeitepochen vom archaischen Bewusstsein über das magische und mythologische bis hin zum mentalen Bewusstsein, das gegenwärtig in ein neues Äon übergeht und somit mit dem supramentalen Bewusstsein oder *Quantenbewusstsein* in der Gegenwart eine Art *Neustart* macht. In diesem permanenten Umwandlungsprozess handelt es sich in der menschlichen Physis weniger um Mutationen des Genmaterials als vielmehr um das Erwecken bisher latenter Gene zu Gunsten anderer, die dafür an Aktualität verlieren; und das bedeutet, dass der Bewusstseinswandel sich primär auf Veränderungen des Ätherkörpers bezieht.

In diesem Wandlungsprozess ständig wechselnder äußerer „Hüllen" verschwinden mit dem jeweiligen Ableben zwar alle äußeren Gestalten, „existieren" aber in einer Art Chronik (Akasha-Chronik) weiter und sind wie „Erinnerungen" in einem „Archiv" abrufbar. Man kann sie sich quasi wieder vergegenwärtigen, so als ob man sie selbst erlebt hätte (Science Fiction), wobei diese wieder abgerufenen *virtuellen Bilder* rein fiktiv und von keiner Bedeutung sind, da sie „zeitlich" begrenzte und genau wie das tägliche Leben vergänglich sind. Am Ende des vergangenen Äons ist nun die „Akasha-Chronik" übervoll – zum Vergleich würde man heute sagen: die „Festplatte eines PC sei voll" – und könne nichts mehr aufnehmen; d.h. müsse gelöscht werden, um im Speicher Platz zu schaffen für den nächsten *Schub von abgelebten Bildern*. Folgerichtig bedeutet das, dass diese *historischen Erinnerungssammlungen* so wie alle vergessenen Kulturen zwar in ihren realen Manifestationen entschwunden sind, aber über das Bewusstsein virtuell in einer Art *archäologischer Wiederbelebung* noch immer *existieren*. Sie bedeuten aber auch zugleich einen enormen „Ballast" für einen Neuanfang. Obwohl diese *Rückgriffe der heutigen Archäologie* keineswegs eine Hilfe für das Leben als solches erbringen, so machen aber diese *Rückführungen* abgelebter und vergänglicher Bilder wie in einem Film dennoch den Ursprung und die Entwicklung der Menschheit im Universum wieder besser versteh- und begreifbar.

Im Bewusstsein erfolgt die Entwicklung vom archaischen Bewusstsein über das magische und mythologische bis hin zum mentalen und Supramentalen Bewusstsein. Auch hinsichtlich der physischen Erscheinung erfolgte im letzten Äon (12 Tausend Jahre) ein offensichtlicher Gestaltwandel (Neandertaler / Größenwachstum etc.), der auch in Zukunft Veränderungen im Erscheinungsbild der Menschen zur Folge haben wird. Noch haben die Menschen in der Gegenwart einen groben und dichten Körper, dessen Erscheinungsbild sich nur bedingt verändern lässt und dessen einzig irreversible wirkliche Veränderung nur im grausamen und langsamen Alterungsprozess besteht. Am Ende des neuen Äons, in ferner Zukunft, werden die Menschen wieder einen *halbätherischen und feinstofflicheren Körper* erlangen, der dann allein dem innewohnenden Geist entspricht und sich nicht mehr durch äußere Eingriffe des Phänobildes übertünchen und verändern lassen wird.

Noch wird gegenwärtig der physische Körper, der altert und stirbt, vom „Ätherkörper", der aus Gedanken, Gefühlen und Träumen besteht, nur umhüllt. Dieser ätherische „Traumkörper" ist den Menschen als Verbindungsmodul zu höheren Bewusstseinsdimensionen mitgegeben worden und verhält sich wie eine flüchtige Gedankenform oder Phantasie, weil er selbst nur durch das Bewusstsein verändert werden kann. Am Ende des nächsten Äons wird er den grob-physischen Körper weitgehend ersetzen. Dieser *Transformationsprozess* der Physis hin zum ätherischen Traumkörper wird sich über das gesamte nächste Äon erstrecken (ca. 12.000 Jahre). In genau umgekehrter Folge wurde vor ca. 12.000 Jahren zu Beginn der adamitischen Population die *halbätherische Vorläuferpopulation* einer notwendigen Reduzierung der Chakren auf dem Ätherkörper unterzogen, um in der grob-physischen Körperhaftigkeit der Menschheit *voll zu inkarnieren*. Diese körperlichen Veränderungen waren zwingend für die Inkarnationen auf Erden, jenem materiellsten Tiefpunkt im Universum.

TEIL I

Bewusstseinsgenese /
Höherpotenzierung

Gegenwärtig hat die Wissenschaft bereits in der *Bewusstseinsgenese* analoge Interaktionen zwischen Bewusstsein und Körper (Psychosomatik) erkannt, künftig ist aber darüber hinaus auch eine Methode vorstellbar, in der das Bewusstsein selbstkreativ an seinen Modalitäten modelliert. Denn die vornehmliche Aufgabe des Bewusstseins ist es, permanent die verschiedenen Triebe und Strebungen aller Antriebserlebnisse in den drei unterschiedlichen Persönlichkeitsschichten eines Menschen auszubalancieren – vergleichbar der Software eines Betriebssystems – um gegensätzliche Programme miteinander zum Einklang zu bringen. Dabei ermöglichen es die Interaktionen mit der *Hardware* (Körper) dem Bewusstsein einen Lernprozess anzubieten, um darüber eine Entwicklung zu vollziehen; denn der Sinn des Lebens ist es, das Bewusstsein für immer neue Realitäten auf neue Bedingungen vorzubereiten.

Das Bewusstsein selbst stellt dabei eine eigenständige, nicht lokalisierbare substantielle Qualität dar und ist weder ein Produkt des Körpers, noch von dessen Existenz abhängig. Insofern bestimmt das Bewusstsein das Sein, nicht umgekehrt! (die medizinische Hirnforschung geht noch immer von der unsinnigen Prämisse aus, dass das Bewusstsein im Hirn gebildet würde.) Anders formuliert: *„So ist der Körper weder krank noch gesund, sondern über ihn kommen lediglich Informationen über den im Körper manifesten Bewusstseinszustand zum Ausdruck"*[4]. Es sind also die Wechselwirkungen zwischen Körper und Geist als Rückmeldung der Körperfunktionen über das Bewusstsein, die der Körper jenen immateriellen Instanzen verdankt, die wir meist Bewusstsein (Geist) und Leben (Seele) nennen. Es ist das „Quantenbewusstsein", das zwischen Wellenform und Teilchenform oszilliert und somit jene *Übersetzungsinstanz* zwischen schöpferischen Ideen und deren Manifestationen ist.

---

[4] Dahlke, Ruediger „Krankheit als Weg"

Die zwei Körper /
Physis und Ätherkörper

„... zwei Seelen wohnen, ach! in meiner Brust ..." (Goethe)

„Der Mensch ist ein beseeltes Wesen. Was sich aufsteigend aus der Tiefe unseres Inneren in uns vollzieht als der Wechsel unserer Gefühle und Stimmungen, unserer Erregungen und Leidenschaften, als der Drang unserer Triebe und Strebungen, als der Ablauf unserer Entscheidungen und Handlungen, als das Spiel unserer Vorstellungen und Gedanken, mit denen wir die Weiten von Raum und Zeit umgreifen – all das ist es, worin sich unser auf die Welt entworfenes Dasein entfaltet und erfüllt. Und das, was wir Leben nennen, ist das umgreifende Ganze, in das alles Seelische mit seiner Mannigfaltigkeit eingebettet ist."[5]

Da im Universum alles zusammenhängt, besitzt auch der Mensch alle „Substanzen" der Schöpfung. Er besitzt nicht nur einen biologisch-physiologischen Körper, der Träger der Sinne und die Voraussetzung für die phänomenale Darstellung in den Bedingungen dieser Erde ist, sondern darüber hinaus auch einen Ätherkörper, der Funktionsträger der Bewusstseinsfrequenzen und mit dem physischen Körper eng verbunden ist. Diese *feinstoffliche Substanz des Ätherkörpers* bestimmt in Verbindung mit den physischen Voraussetzungen die Entwicklung im Leben eines jeden Menschen; denn der Mensch ist ein Doppelwesen, ein *Kentaur*, in dem Leib und Seele untrennbar vereint sind. Neben dieser Grundfunktion des Ätherkörpers als Lebensträger haben sich im Laufe der Entwicklung der Menschheit im Ätherkörper zwei ätherische Funktionsbereiche differenziert herausgebildet: Ein emotionaler und ein mentaler Funktionsbereich. Beide erfahren innerhalb der menschlichen Bewusstseinsentwicklung eine permanente Differenzierung aller Gefühlsreaktionen und Denkfunktionen, die das ICH zur Person im Leben integriert und ermöglicht.

1. Der grob-physische Körper ist die Gesamtsumme aller Zellen und Organismen, aus denen er besteht und ist der *Reaktionsapparat* des diesen *umhüllenden feinstofflichen* Ätherkörpers, der dazu dient, den Menschen mit den Ener-

[5] Phillip Lersch, „Aufbau der Person"

gien des übergeordneten Lebensträgers, in dem wir leben und wesen, in Verbindung zu bringen. Der physisch-biologische Leib ist dabei der zeitlich begrenzte und sterbliche Funktionsbereich eines organischen Stoffwechsels und somit der Träger der gesamten Vitalität. Dieser grobstoffliche Körper unterlag bis ins 20.Jhdt. im Wesentlichen allein der Wissenschaft der Medizin. Erst in jüngster Zeit versucht die Wissenschaft den Menschen als ein Gemeinsames von Physis und Psyche zu sehen und zu interpretieren. Mit diesem physischen Körper eng verbunden und diesen umhüllend ist der *feinstoffliche Ätherkörper* der Funktionsbereich des Psychischen und Mentalen, worüber der wesentliche Empfang aller Lebensenergien erfolgt.

2. Der Ätherkörper hat vor allem die Funktion, den physischen Körper zu beleben und zu aktivieren und ihn dadurch mit der Urenergie des Universums zu verbinden. Er ist ein Gewebe von Lichtenergien und Kraftströmen und ein Teil jenes riesigen Energienetzes, das die Grundlage für alle makrokosmischen und mikrokosmischen Formen bildet. Entlang dieser Energiefäden strömen die kosmischen Kräfte, genauso wie das Blut durch die Arterien und Venen fließt. Dieser permanente Kreislauf ist die Grundlage für alles manifestierte Leben und zugleich der Ausdruck für den im innersten Wesen bestehenden, untrennbaren Zusammenhang allen Lebens.

Leib, Seele, Einheit

P. Lersch bezeichnet das organische Leibgeschehen der Physis als Bedingung für jegliches seelische Leben: Denn die Gesamtheit aller organischen Zustände und Vorgänge, die sich im Leib abspielen, dient dem Psychischen als eine vorgeordnete Wirklichkeit. Es handelt sich dabei um den Blutkreislauf, des Nervennetzwerk und das lymphatische System, wie die hormonbildenden Drüsen, der Hypophyse, der Nebenschilddrüse, der Nebenniere, der Bauchspeicheldrüse und vor allem der männlichen und weiblichen Geschlechtsdrüsen, die das Erscheinungsbild des Menschen so wohl nach der psychischen als nach körperlichen Seite entscheidend mitbestimmen. Diese drei Systeme steuern die physischen und psychischen Grundfunktionen des Lebens durch innere Sekretionen und stehen durch Abgabe von Säften über den Nahrungsstoffwechsel in enger Beziehung zu den Verdauungsorganen die sich auf die Gestimmtheit des gesamten Menschen auswirken.

Diese Wechselwirkungen zwischen physischem Lebensgrund und der Psyche bezeichnet man allgemein als Vitalität, worunter man die biologische Kraft als Aneignung dessen, was der Körper braucht, und als anpassende

Durchsetzung in der Umwelt versteht. Man nennt diesen Lebensaspekt „Biotonus" eines Menschen und bezeichnet diese Lebensspannung[6], die eine Art psychosomatischer Gesamtbegriff ist (physisch: *Vitalturgor* / psychisch: *seelischer Elan*) auch als Temperament eines Menschen. Darüber wird deutlich, dass der Mensch durch seinen Vitalgrund mit der Umwelt in einer viel tieferen Wechselbeziehung steht als allein über sein Bewusstsein, das den Menschen diese Zusammenhänge lediglich klar und deutlich erkennen lässt. Und dennoch wäre es völlig irrig, das Seelische als Wirkung des leiblichen Lebensgrundes aufzufassen und damit alle seelischen Vorgänge und Zustände auf physiologische Ursachen zurückzuführen.

Wenn wir uns auch immer wieder gedrängt fühlen, Leibliches und Seelisches in das Verhältnis von Ursache und Wirkung zu setzen und damit ihre faktische Einheit verkennen, so beruht das auf der Faszination durch eine Vorstellung, deren Wurzeln weit zurückreichen in die moderne Geistesgeschichte. Seither hat man sich im abendländischen Denken daran gewöhnt, Leibliches und Seelisches streng von einander zu trennen und sie als zwei Bereiche der Wirklichkeit vorzustellen, die unabhängig, gleichsam autark gegeneinander existieren. Denn der Begriff der Substanz (Materie, Stoff) bezeichnet ein Seiendes, das zu seinem Sein keines anderen Seienden bedarf.

Zwar braucht Kausalität immer einen festgesetzten Endpunkt der Fragestellung, denn im kausalen Weltbild hat schließlich jede Manifestation eine Ursache, was aber bedeutet, dass das Konzept der Kausalität bestenfalls im alltäglichen Leben als Funktion des Denkens praktikabel ist, jedoch völlig unzureichend und unbrauchbar als Instrument ist, um metaphysische Zusammenhänge zu erfassen. Denn das Verhältnis von Ursache und Wirkung kann nur dort statuiert werden, wo ein geschlossenes selbständiges Seinsganzes zu einem anderen Seinsganzen in Beziehung tritt. Organischer Leib und seelisches Leben sind aber nicht zwei gegeneinander geschlossene Seinsganze, sondern machen selbst ein Seinsganzes aus und sind gegeneinander „offen". Nur in der realen Funktionalität sind es die beiden Koordinaten von Zeit und Raum als bestimmende Größen, die somit auch die Welt der Täuschungen ermöglichen.

Im Grunde genommen erweist sich dieses Problem, wie Leiblich-Materielles und Seelisch-Immaterielles zueinander in Wechselwirkungen und Beziehungen stehen als ein Scheinproblem, da lebendig Leiblich-Materielles und Seelisch-Immaterielles gar nicht zwei sich selbständige und gegeneinander abgeschlossene Seinskreise sind, sondern eine integrierte, polar-koexistentielle Ganzheit darstellen. *Indem* sich Atmung, Herztätigkeit, Drüsensekretion, Darmperistaltik

[6] Ewald, G. „Lehrbuch der Neurologie und Psychiatrie"

etc. verändern, erlebt der Mensch auch eine Gemütsbewegung und *indem* sich im Großhirn gewisse organfunktionelle Vorgänge abspielen, erleben wir den Vollzug unserer Gedanken bewusst. Es handelt sich immer um ein die Leib-Seele-Einheit ganzheitlich durchdringendes Geschehen, wobei es freilich durchaus möglich ist, dass der Anstoß zu diesem Geschehen einmal vom Körperlichen und ein anderes Mal vom Seelischen her erfolgt. Das bedeutet aber nicht, dass wenn die Rede vom substantiellen Lebensgrund ist, auf dem das psychische Erleben aufruht, das zu einer „Materialisierung des Seelischen" führen darf, bei der das Seelische zum bloßen Epiphänomen des Leiblichen degradiert wird. Insofern haben wir es hinsichtlich metaphysischer Zusammenhänge mit einer „zweiten Kausalität" zu tun, die eine notwendige Ergänzung zur Einseitigkeit der alltäglichen Kausalität darstellt; und darum ergeben erst beide zusammen eine vollständige Interpretation der Welt, wobei diese „Quadratur des Kreises" nur über das Quantenbewusstsein zu lösen ist, das keine Kausalität im Sinne von Vorher und Nachher oder *Immer-wenn-dann* kennt. Vielmehr, wenn überhaupt die Rede von einer gegenseitigen Abhängigkeit sein darf, ist es eher umgekehrt, und zwar im Sinne, dass eine Wirkung vom Seelischen auf das Leibliche ausgeht, weil das Seelische zwar in den Naturbedingungen wurzelt, aber erst durch das Bewusstsein aktualisiert werden kann.

Zwar ist und bleibt der Lebensgrund als ontologische und vorpsychologische Schicht bestehen, wobei aber das organische Leibgeschehen immer mit seelischen Erlebnissen gekoppelt ist. Insofern ruht seelisches Erleben quasi auf dem Grund des leiblichen Organgeschehens auf, wobei es aber dem Menschen niemals in seinem vollem Umfang „zum Bewusstsein" kommt. Man hat dieses gekoppelte „vegetative Funktionssystem" als „Tiefenperson" benannt, um zum Ausdruck zu bringen, dass gewisse seelische Vorgänge im Ganzen der Person mit diesem vegetativen Funktionssystem integrativ gekoppelt sind. Das Leiblich-Physiologische ist somit eine Manifestation des Lebensgrundes, dessen inneres Sein uns nie gegenständlich zu werden vermag und im Dunkel des Unbewusstsein bleibt.

Vital- und Kortikalperson

Darum hat man dieser leiblich-physiologischen „Vitalperson" (Animalische Herkunft) eine „Kortikalperson"[7] (Kortex / Hirnrinde), ein integrierendes Bewusstsein gegenübergestellt. Trotz lebendiger Durchdringung beider, ist es durchaus sinnvoll und berechtigt, in dieser Weise „Tiefenperson" (Vitalperson) und „Kortikalperson" von einender zu unterscheiden: Einerseits das (niede-

---

[7] Lersch, a.a.O. S.92.

re) vegetative Funktionssystem im Sinne der psycho-somatischen Ganzheit als Basis seelischen Lebens mit all seinen Antriebserlebnissen, Gefühlen und Affekten und andererseits das nur für den Menschen gültige (mentale) kortikale Bewusstseinssystem, an das andere seelische Vorgänge gebunden sind, vor allem diejenigen der Wahrnehmung, des Vorstellens, des Denkens und des Handelns, wobei beide „Systeme" dennoch im Aufbau der Gesamtperson zur Einheit der „ontischen Schicht" des Lebensgrundes gehören. Denn eigentlich bewusstes seelisches Leben liegt überall erst da vor, wo das Leben im Menschen zur „Wachheit des Er-Lebens" gelangt. Diese Vollzüge und Wirkungen der verschiedenen niederen und höheren Lebensfunktionen verweisen auf das letztlich unteilbare Geheimnis des Lebens selbst, welches im Leiblich-Physiologischen zwar seine Manifestation findet, dessen inneres Sein jedoch nie gegenständlich zu werden vermag. Denn im Unterschied zu den rein leiblichen Zuständen des vegetativen Nervensystems zeigen sich diejenigen des Bewusstseinssystems unserem Erleben in viel geringerem Grade unmittelbar, als solche der organischen Leiblichkeit des Lebensgrundes. Beim Ablauf unserer Vorstellungen und Gedanken merken wir nichts von der Leiblichkeit der sie begleitenden gehirnphysiologischen Vorgänge. Erst dann, wenn wir unser Gehirn über ein gewisses Maß beanspruchen, „brummt uns der Schädel", aber tatsächlich reichen die Zusammenhänge zwischen seelischen Vorgängen und Bewusstsein viel tiefer als wir dessen unmittelbar innewerden. Allerdings ist die Grundstruktur dessen, was wir in diesem Sinne „Bewusstsein" nennen, durch eine immer im Erleben mitgegebene „Abgehobenheit" eines Ich von einem Nichtich bestimmt. Trotz jener scheinbaren Trennung eines Subjektes von einem Objekt bleibt die „Durchdringung" von Physis und „Bewusstseinskörper oder Ätherkörper" durch das unteilbare Geheimnis des seelischen Lebens als Bestimmendes bestehen. Dieses auf dem Lebensgrund aufruhende „Erleben" bezeichnet Lersch als den *Endothymen Grund* (Stammhirn) als Basis für alles seelische Erleben. Das ist der Gefühls- oder Bewusstseinskörper, der Ätherkörper, Astralbereich.

„Zugleich ist aber der manifestierte Leib in seiner organischen Schichtung von Unterleib, Brust und Kopf sowie in dem hierin sich vollziehenden Organgeschehen die sinnliche Repräsentanz des Gesamtaufbaus der Person bis zu ihren höchsten seelischen Vollzügen. Es besteht also die merkwürdige Tatsache einer Spiegelung, bei der das, was untergeordnetes Glied eines größeren und höheren Ganzen ist, nämlich der Lebensgrund, dieses Ganze in sich selbst in einer Art Vorwegnahme abbildet."[8]

---

[8] Lersch, a.a.O. S.90

PHYSIS
Drei Seinsebenen

Nach Lersch besteht die Physis aus drei unterschiedlichen Seinsebenen, wobei sich folgende Entsprechungen oder gemeinsame Durchdringungen zwischen Physis und Psyche ergeben:

I.   Physis / Vitalgrund / das Leben selbst
II. Endothymer Grund / Funktionen des Vitalgrundes / Antriebserlebnisse, Gefühle, Affekte – emotionaler Funktionsbereich /„Astral- oder Begierdekörper" / Hirnstammgeschehen
III. Kortikaler Oberbau / Hirnrindengeschehen (Kortex) – Intelligenz, Verstand, Denken / mentaler Funktionsbereich / „Mentalkörper" / Bewusstsein als Integral des ICH

Der Vitalgrund

Die reine Vitalsphäre ist die Gesamtheit aller organischen Zustände und Vorgänge, die sich im Körper abspielen. Es ist der biologisch-physiologische Träger, der die Vorbedingung für seelisches Leben schafft.

Der Endothyme Grund (Endothymos)

Es ist der Bereich, der auf dem Vitalgrund aufbaut, dem Triebe und Strebungen und die darauf aufruhenden Emotionen, Affekte und Gemütsbewegungen zugeordnet sind. Diese besitzen das Merkmal einer intimen Innerlichkeit und sind dem Menschen nur als sein „Innen" erlebbar in Form von Erfahrungen eines intimen Bei-Sich-Sein. Vom bewussten Ich her gesehen, das imstande ist, die Vorgänge des Denkens und Wollens von sich aus in Gang zu bringen und zu steuern, hat es den Charakter der Untergründigkeit. Der endothyme Grund ist also eine tiefste und innerste Sphäre des Erlebens im Gesamtaufbau der Person, wobei der Lebensgrund diesen vorgeordnet ist und in dieser Durchdringung von Vital- und Gefühlskörper nicht nur die Einheit von Physis und Ätherkörper am deutlichsten repräsentiert, sondern alles seelische Erleben mitbestimmt.

Ph. Lersch gliedert den Bereich des endothymen Grundes in folgende Teile:
a) Die Antrieberlebnisse (Triebe und Strebungen)
b) Die Gefühlsregungen
c) Die stationären Gestimmtheiten

a) Antrieberlebnisse

Lersch unterscheidet dabei die Antriebserlebnisse des lebendigen Daseins, des individuellen Selbstseins und des Über-sich-hinaus-wollens. Es sind Grundrichtungen der seelischen Dynamik, wobei die einzelnen Strebungsarten erst auf verschiedenen Entwicklungsstufen im Leben zur Entfaltung kommen, also genetisch aufeinander aufbauen, aber durchaus eigenständig und ursprünglich sind. In dieser Aufgliederung der menschlichen Triebe und Strebungen sind die Grundrichtungen der seelischen Dynamik aufgezeigt. Sie sind nicht von Beginn der Menschheit oder von Geburt eines einzelnen Menschen an voll entwickelt, sondern kommen erst allmählich zur Entfaltung und lassen genetisch aufeinander aufbauend je eine besondere Seite des menschlichen Seins sichtbar werden.

In dieser Ausprägung muss das genetisch Spätere als Umformung und Modifikation des genetisch Früheren verstanden werden. Die Menschen sind zwar auf dieser Seinsebene primär durch die Gene ihrer Vorfahren biologisch vorgeprägt, erfahren aber erst über die Seele im Leben eine endgültige Ausgestaltung als individuelle Persönlichkeiten. Denn Antriebserlebnisse sind immer Vollzugsformen, in denen sich das menschliche Dasein zu verwirklichen sucht, wobei Antriebserlebnisse des lebendigen Daseins immer zugleich auch Wertgerichtetheiten sind, die im Tätigkeitsdrang, Genussstreben, Libido und Erlebnisdrang am stärksten zum Ausdruck kommen und sich im individuellen Antriebserleben als Selbsterhaltungstrieb, Egoismus, Wille zur Macht, als Geltungsdrang und Eigenwertstreben äußern.

Diese mannigfaltigen möglichen Strebungen stehen untereinander immer in einem Verhältnis von Konvergenz und Divergenz. Denn für jede Strebung gibt es Strebungen, die mit dieser zusammenlaufen und andere, die in entgegengesetzter Richtung verlaufen. Im Hinblick auf die Möglichkeiten der Konvergenz und Divergenz der im Menschen wirksamen Strebungen sprechen wir charakterologisch von einheitlichen, harmonischen und zwiespältigen disharmonischen Naturen. Vor allem zeigen die letzteren viele Ausformungen, z.B. bei Menschen, die zwischen Impulsen ihres Egoismus und solchen des Einsatzes für Menschen, Dinge oder Ideen hin und her gerissen werden. Vereitelte Triebfedern erzeugen unweigerlich Frustrationen, die wiederum zu Aggressionen führen. Eine Lösung der Situation besteht darin, sich damit abzufinden, dass eine Strebung nicht zum Ziel gebracht werden konnte (Frustrationstoleranz). Die letzte Möglichkeit wäre: Wenn man innerlich mit seinen frustrierten und aussichtslosen Strebungen nicht fertig wird und ihre Dynamik nicht abzustoppen vermag bzw. die Strebungsenergien in Wunschphantasien umleitet, so verdrängt man diese Frustration. Verdrängungen führen unweigerlich zu Störungen aller Beziehungen zur realen konkreten Wirklichkeit und im Endeffekt zu Erkrankungen im der Physis.

Vor allem stehen alle Anlagen und Begabungen (Fähigkeiten) immer in einem Spannungsverhältnis zu den persönlichen Strebungen eines Ich. In diesem Zusammenhang sagt Goethe: *„Fähigkeiten müssen im Leben zu Fertigkeiten werden."* Fähigkeiten sind lediglich das „Instrumentarium der Strebungen" und „Talent allein ist Spielzeug für Kinder". So kann sich zwar der einfältigste Mensch mit sich selbst komplett im Reinen fühlen, wenn er sich innerhalb der Grenzen seiner eigenen Anlagen, Fähigkeiten und Fertigkeiten bewegt. Stehen allerdings die vorhandenen Begabungen nicht mit der Intensität der Antriebsstrebungen eines ihm entsprechenden Interesses im Einklang, so führt das zu schweren Störungen im physischen wie psychischen Gleichgewicht; und schlägt sich unweigerlich in Störungen und Krankheiten als Folge nieder. Wichtig ist in diesem Zusammenhang noch zu erwähnen, dass die Intensitäten aller Strebungen bei den Menschen unterschiedlich sind, so dass man von antriebsschwachen oder antriebstarken Menschen sprechen kann, so wie es erfahrungsgemäß Naturen gibt, bei denen antriebsstarke Strebungen oft rasch miteinander wechseln und damit in die Lebensführung eines Menschen eine gewisse Richtungslosigkeit bringen, was in einem gewissen Grade für fast alle jugendlichen Menschen gilt, deren Strebungen sich einerseits oft in hemmungsloser Antriebskraft auswirken und erweisen, aber andererseits einem verhältnismäßig raschen Wechsel unterliegen. Ein Zustand, der für die krisenhafte Zeit der Pubertät so charakteristisch ist, weil der junge Mensch sich seiner anlagemäßigen Fähigkeit noch in keiner Weise bewusst ist, sondern in einem krisenhaften Ringen um die ihm angemessene Wertwelt kämpft und die Tiefe seines Wertgrundes aufzuschließen sucht, um aus ihr heraus zentral leben zu können.

b) Gefühlsregungen

Triebe und Strebungen sind dem Bemerken strukturell vorgeordnet und scheinen als Erlebnisse aus der ungegenständlichen Tiefe des endothymen Grundes zu kommen. Erst über das Bemerken innerhalb des persönlichen Welthorizonts erschließt sich dieser Tiefenbereich in Form von Anmutungserlebnissen und Gefühlen. Man kann sie auch als stationäre Gestimmtheiten ansprechen. Hierzu gehören Langeweile, Angst, Aufregung,

Schreck oder Wut. In diesen Anmutungserlebnissen liegt die Nahtstelle, über Gefühlsregungen mit den Trieben und Strebungen verbunden zu sein, denn jede Triebfeder ist eine Gefühlslage und jede Gefühlslage eine Triebfeder. Alle Triebe und Strebungen sind von Gefühlsregungen umkleidet. Dabei sind Triebe und Strebungen immer zugleich Wertgerichtetheiten und Gefühlsregungen, die sich nicht allein im Erleben von Bedeutungswerten erschöpfen, sondern darüber hinaus dem Menschen auch Sinnwerte vermitteln.

Arten der Gefühlsregungen

Aus der Fülle aller aus dem endothymen Grund aufsteigenden Gefühlsregungen seien hier nur die für den Zusammenhang dieser Schrift wichtigen Gefühlsarten exemplarisch aufgelistet.

1. Gefühlsregungen des lebendigen Daseins
2. Gefühlsregungen der Selbsterhaltung
3. Gefühlsregungen des Machtstrebens und des Geltungsstrebens
4. Gefühlsregungen des Eigenwertstrebens

Gefühlsregungen des lebendigen Daseins sind:
Schmerz, Lust, Langeweile, Überdruss und Widerwille, Ekel und Abscheu, Vergnügen und Ärger, Freude und Trauer.

Der Schmerz ist ein eindeutiges Gefühlserlebnis, gleichviel, ob es sich um körperlichen oder seelischen Schmerz handelt. Das Erleben von Schmerzen nennen wir Leiden. Zum Wesen des Schmerzerlebens gehört, dass es die Innerlichkeit des Menschen in ihrer ganzen vitalen und psychischen Struktur desorganisiert, denn der Schmerz lehrt uns, wie das Leben in sich die Möglichkeit birgt, zum Feind seiner selbst zu werden. Schmerzen hemmen und bedrohen das Leben, wobei der Schmerz wesentlich als ein Zustand erlebt wird. Man erlebt den Schmerz quasi als etwas Gegenständliches, was dessen Antriebsgestalt verdeutlicht: Man möchte sich dem entziehen und flüchten, weil im Schmerz das Leben zum Unwert verkommt, wenngleich andererseits *das Leiden selbst zum schnellsten Pferd der Erkenntnis werden kann.*[9]

Die Lust ist das dem Schmerzenserleben entgegenstellte Gefühl, in dem nicht – wie im Schmerz – eine Störung, sondern eine Erfüllung des lebendigen Daseins enthalten ist. Das Erleben von Lust ist Genießen. Während die Antriebsgestalt

---

[9] Meister Ekkehard „Vom Seelenfünklein"

des Schmerzes eine Fluchtgebärde ist, zeigt sich diejenige der Lust als Geste des Hereinnehmens, des In-sich-Aufnehmens, des Einatmens, Einsaugens und Auskostens.

Langeweile ist eine Gefühlsregung, in der jegliche Erfüllung zum Stillstand kommt, d.h.: in der Langeweile erlebt man überhaupt keinen Antrieb mehr, und von ihr führt eine kontinuierliche Linie über den Überdruss zum Widerwillen – es ist quasi der Nullpunkt jeglichen Lebens in absoluter Lustlosigkeit. Ihre *Antriebsgestalt* ist die des Sichverschließens, des Wegschiebens.

Schmerz, Lust, Langeweile, Überdruss und Widerwille sind Gefühlsregungen des Lebensdranges. Bei aller Verschiedenheit ist diesen gemeinsam, dass in ihnen das Erleben stark in sich zentriert ist, dass sie ihren Akzent in einem Bei-Sich-Sein haben und dass das Erleben in dieses Bei-Sich-Sein hineingenommen ist.

Diesen Gefühlsregungen stehen andere gegenüber, die zwar auch mit dem Lebensdrang zusammenhängen, aber auf das Außen gerichtet sind: Vergnügen, Ärger, Freude und Trauer.

Vergnügen ist das Erlebnis einer freien, ungehemmten Entfaltung, es ist vor allem der Spieltrieb ein Gefühlserlebnis des lebendigen Daseins. Die *Antriebsgestalt* des Vergnügens ist die des Sich-hinein-Begebens und des Sich-darin-Umtuns. Das Vergnügen braucht und sucht die Umwelt, um sich an ihr vollziehen zu können. Man bejaht im Vergnügen die Welt und ihre Dinge, aber nicht in ihrem Selbstwert, sondern lediglich in Beziehung zu den Ansprüchen des individuellen Selbstes, wodurch sich das Vergnügen wesentlich von der Freude unterscheidet. Als Charaktere sind vergnügte Menschen die verspielten, oberflächlichen, quirligen Spaßvögel, die ständig Unterhaltung und Spaß suchen.

Das negative Gegenstück des Vergnügens ist der *Ärger*, das Sichverdrießen über irgend etwas. Man ärgert sich über die Störung eines freien Funktionsablaufes, was die Laune verdirbt. Ärger ist nicht schlechthin Unlust, sondern das Gestalterlebnis, dass etwas an uns nagt – der Ärger frisst in uns wie ein Wurm und steigert die Gestimmtheit des Missmutes, der Verdrossenheit und der Verbitterung. Vom Ärger ist der Mensch wesentlich zentral betroffen, und dadurch enthält die *Antriebsgestalt* des Ärgers immer auch eine gewisse Aggressivität und schließt die Haltung des ohnmächtigen Protestes ein, wobei im Ärger die Thematik der Egoismen und des Macht- und Geltungsstrebens mitbetroffen ist.

Vom Ärger unterscheidet sich *die Trauer* wesentlich: Man kann sich zwar auch über einen Verlust ärgern, jedoch nicht über den Verlust von Sinnwerten. Die Trauer ist dagegen eine Gefühlsregung, in der das lebendige Dasein vom Nichtsein eines Sinnwertes in seiner ganzen Schwere und Unwiderruflichkeit durchdrungen ist. Darum fehlt der Trauer jene zugespitzte Spannung und feindselige Gegenstellung zur Umwelt, welche die *Antriebsgestalt* des Ärgers bestimmt. Die *virtuelle Gebärde* der Trauer ist das Gegenspiel zum Sich-Öffnen der Freude, sie ist ein Sich-verschließen und Abseitsgehen.

Gefühlsregungen der Selbsterhaltung

Entwicklungsgeschichtlich stehen an erster Stelle: Schreck, Aufregung und Wut.

Das *Erschrecken*, das wir auch beim Tier finden, überfällt den Menschen als plötzliche, unerwartete Bedrohung und wird als Schock erfahren, der mit einer Lähmung aller Bewegungen verbunden ist. Es handelt sich um eine gewaltsame Unterbrechung der psychosomatischen Lebensvorgänge: Wir werden starr vor Schreck, der Atem stockt, der Rhythmus des Herzschlages wird unterbrochen. Dadurch ist bereits die *Antriebsgestalt* des Erschreckens charakterisiert: Sie ist gleichsam die negative Bewegungsgestalt der Starre.

Verwandt mit dem Schreck ist die *Aufregung*. Auch in der Aufregung sind wie im Erschrecken sämtliche Möglichkeiten zielgesteuerten und zweckmäßigen Verhaltens gestört, aber nicht in der Form der Erstarrung, sondern in der Unruhe, der Verwirrung und Desorganisation des Verhaltens. Die Beschleunigung der Herztätigkeit wird zum Bild der Aufregung und die Steigerung aller Bewegungsabläufe zum Charakteristikum ihrer *Antriebsgestalt*. Die Neigung zur Aufregung finden wir als Merkmal konstitutioneller Nervosität.

Schreck und Aufregung haben als Belange der Selbsterhaltung defensiven Charakter, die **Wut** dagegen hat als *Antriebsgestalt* die Aggression. Wut ist die Explosion einer Stauung innerer Spannungen – ein Primitivaffekt oder affektiver Kurzschluss. In der Wut werden bewusste Überlegungen des zielgesteuerten Willens abgebaut, und der Mensch sinkt auf entwicklungsgeschichtlich frühere Verhaltensformen zurück, die er mit dem Tier gemeinsam hat.

Die *Furcht* ist ein Doppelbegriff: 1. als Sich-Fürchten und 2. als Befürchtung, wobei nur das Sich-Fürchten auf die Selbsterhaltung gerichtet ist (Beim Sich-Fürchten geht es immer um den Träger der Furcht; etwas befürchten können wir dagegen auch für andere). Man fühlt sich gefährdet, auch wenn die Gefährdung nicht wie bei Schreck und Aufregung unmittelbar aktuell ist, aber als

Damoklesschwert schwebt eine imaginäre Gefahr aufgrund von Erfahrungen ständig über einem. Ihre Qualität ist ein Sich-schutzlos- und ein Sich-ausgeliefert-Fühlen, und die *Antriebsgestalt* der Furcht ist ein Zurückweichen und Sich-Zurückziehen.

Gefühlsregungen des Machtstrebens und des Geltungsdranges

Während Erschrecken, Aufregung, Wut und Furcht unter der Thematik der (bedrohten) Selbsterhaltung mit dem endothymen Grund verbunden sind, gibt es auch Gefühlsregungen, in denen das, worum es dem Egoismus, dem eigenen Machtstreben und Geltungsdrang geht, als Erfüllung oder Versagung im endothymen Grund, aus dem alle Strebungen kommen, gespiegelt wird. Solche sind Neid, Eifersucht und Schadenfreude.

Der Neid entspringt dem Egoismus. Er ist das nagende Gefühl beim Anblick dessen, was ein anderer an Werten besitzt und was als Versagung des eigenen Habenwollens registriert wird. Die *Antriebsgestalt* des Neides ist das dauernde Hinschielen auf den anderen, der „scheele Blick", verbunden mit der virtuellen Gebärde des Wegnehmen-Wollens, was zu ständiger Unzufriedenheit führt.

Die Eifersucht ist dem Neid verwandt, weil auch sie eine Gefühlsregung des Für-sich-haben-wollens ist. Ihr geht es jedoch nicht um materiellen Besitz, den einer jemandem neidet, sondern vielmehr darum, für andere eine Rolle zu spielen oder eine Bedeutung als Gegenstand ihrer Liebe oder allgemeinen Wertschätzung zu erlangen. die Thematik der Eifersucht ist die des Geltungsstrebens und ein gestörter Anspruch des Für-sich-haben-Wollens. Wo dem Geltungsbedürfnis die Erfüllung versagt wird, entsteht das Gefühl der Kränkung, der Beleidigung und des Verletzseins. Man fühlt sich beiseite gestellt. Die *Antriebsgestalt* der Eifersucht ist das Gegenteil des Sich-in-Positur-Werfens, nämlich ein Sich-Zurückziehen.

Gefühlsregungen des Eigenwertstrebens: Minderwertigkeitserleben und Scham

Das **Minderwertigkeitserleben** könnte man als Gefühlsreaktion dem Geltungsdrang zusprechen mit dem der Unterton des Sich-gekränkt-fühlens mitschwingt. Der eigentliche Akzent aber liegt beim Minderwertigkeitserleben auf der Thematik des Eigenwertstrebens: Man kann sich zwar vor anderen minderwertig erleben durch Einbuße an Ansehen und Geltung, aber man kann dies nur, wenn diese Einbuße zugleich als eine Wertminderung in der Verschwiegenheit der eigenen Selbstwertung erlebt wird.

Dasselbe gilt auch für die *Scham*, die eine besondere Form des Minderwertigkeitserlebens darstellt: Man kann sich über die Herabminderung durch die Mitwelt nicht schämen, wenn man nicht zugleich vor sich selber eine Werteinbuße durch sein Tun erlitten hat. So schämt sich der Lügner seiner Lüge nur dann, wenn er sie – eingestanden oder uneingestanden – als eine Wertminderung vor sich selbst erlebt. Die *Antriebsgestalt* der Scham ist darum die Gebärde des Sich-Verhüllens, während diejenige des Minderwertigkeitserlebens eher in der Haltung einer permanenten Hemmung aller Handlungen zu sehen ist.

c) Kortikaler Oberbau / Bewusstsein

Es handelt sich um die Funktionen unseres Ich-Bewusstseins: Intelligenz und Wollen. Intelligenz als Denken ist die Fähigkeit, die Welt über Verstand und Vernunft erfassend zu begreifen, zu gliedern und zu ordnen. Beim Menschen findet sich das Zusammenwirken von elementaren Antriebserlebnissen mit dem Gefühlskörper auch noch auf den Kortex als dritte Ebene erweitert. In diesem Zusammenhang spricht Lersch von stationären Gestimmtheiten des endothymen Grundes, wie z.B. Zorn und Stolz. Dem Zorn liegt immer ein Sinnbezug der Antriebsgestalt zugrunde, indem man über Verletzungen normativer Regeln „zornig" wird, während im Gegensatz dazu die Wut völlig umdunkelt ist und einer dumpfen Aggression unterliegt. Der Stolz ist sehr stark von einem hochmütigen Selbstwertgefühl bestimmt, geht also von einem geltungssüchtigen Ichbewusstsein aus und ist weniger rein gefühlsbestimmt. Vielmehr gewinnt das kortikale Geschehen dabei bereits eine wachsende Bedeutung einerseits als Auslöser solcher Antriebserlebnisse und andererseits aber auch als blockierendes Hemmnis hinsichtlich aller natürlichen Antriebsstrebungen, z.B. der Sexualität. Denn das konkrete Verhalten eines Menschen stellt immer ein Bündel, einen Komplex, ein Ineinander von verschiedenen Strebungen dar. Das, was wir in den wechselnden Situationen des Lebens erfahren, ist zumeist „mehrstimmig".

Diese drei unterschiedlichen Bewusstseinsebenen im Menschen bilden immer einen einheitlichen Mechanismus, in dem sich das gesamte menschliche Leben als ein wesentlich Geistiges in höheren und niederen Lebensfunktionen manifestiert und abspielt. Dieses Geistige ist die Durchdringung der Physis durch den spirituellen Ätherkörper, denn alles manifestierte Leben gründet im Drang des universalen geistigen Lebens, sich in einer Welt der Erscheinungen zu „verleiblichen". Dieser „Bewusstseinskörper" oder „Ätherköper" ist dabei der Energieträger aller schöpferisch-manifestierten Ideen für die Physis. In der vorliegenden Schrift geht es daher nicht allein um konkret anschauliche Analogien zwischen physischen Antriebserlebnissen und menschlichen Verhaltensformen, sondern vor allem um den transzendenten Bedeutungshintergrund und einen erkenntnismäßig bewussten Deutungszusammenhang, die beide als Ursachen für das Entstehen von Krankheitsverläufen verantwortlich sind und auf bewusst gewordene negative „Gefühlsregungen" und auf die diesen zugrundeliegenden Antriebsgestalten zurückgehen, im Kortex zu negativen Bewusstseins-Frequenzmustern kulminieren und dann als Energie-Einstrahlungen auf den Körper zurückwirken und die entsprechenden somatischen Störungen hervorrufen.

Zusammenfassung

1. Antriebserlebnisse: Die unterschiedlichen Antriebsgestalten dieser im Überblick dargestellten Gefühlsregungen geben einen Hinweis auf mögliche Auswirkungen im physischen Organismus, wo es als Reaktion auf die im endothymen Grund vorherrschenden Gefühlsregungen zu Störungen bzw. Hemmungen und schließlich zu Erkrankungen kommen kann.

2. Dabei lassen sich im Repertoire der Gefühlsreaktionen zwei gegenläufige Tendenzen unterscheiden, die sich mit den Jung'schen Typen der Introversion und der Extraversion decken und deutlich machen, dass Erkrankungen durch diese Richtungstendenzen sehr stark mitbestimmt werden. Beispiele: Die Trauer, deren Antriebsgestalt die eines Sichzurückziehens ist, während das Vergnügen eine extravertierte Antriebsgestalt ist, die man häufig als diffus oder nervös bezeichnet. Diese Richtungstendenzen der Antriebsgestalten implizieren im Soma bereits Störungen im Sinne von Verspannungen, Blockaden, Verstopfungen, also psychosomatische Beziehungen, die Dahlke in seinem Buch „Krankheit als Weg"[10] in anschaulich bildhaften Analogien beschrieben hat. Damit hat er zweifellos die psychosomatischen Zusammenhänge aufgedeckt und deren Abbildhaftigkeit für zugrunde liegende seelische Prozesse treffend beschrieben, jedoch nicht die aus Spannungen und Fehlhaltungen resultierende primären Ursachen für vorliegende Störungen bzw. Erkrankungen erklärt. Denn diese werden vielmehr erst durch die bewusste Erkenntnis einer Fehlhaltung und den daraus resultierenden negativen Gefühlsimpulsen ersichtlich, deren Spannungen bis ins Soma zu Irritationen, Störungen und Erkrankungen führen.

3. Kortex als Reflexionsfeld für Antriebserlebnisse und Gefühlsregungen: Diese drei unterschiedlichen Bewusstseinsebenen im Menschen bilden immer einen einheitlichen Mechanismus, in dem sich das gesamte menschliche Le-

[10] Thorwald Dethlefsen, Ruediger Dahlke, „Krankheit als Weg"

ben als ein wesentlich Geistiges in höheren und niederen Lebensfunktionen manifestiert und abspielt. Dieses Geistige ist die Durchdringung der Physis durch den spirituellen Ätherkörper, denn alles manifestierte Leben gründet im Drang des universalen geistigen Lebens, sich in einer Welt der Erscheinungen zu „verleiblichen". Dieser „Bewusstseinskörper" oder „Ätherköper" ist dabei der Energieträger aller schöpferisch-manifestierten Ideen für die Physis. In der vorliegenden Schrift geht es daher nicht allein um konkret anschauliche Analogien zwischen physischen Antriebserlebnissen und menschlichen Verhaltensformen, sondern vor allem um den transzendenten Bedeutungshintergrund und einen erkenntnismäßig bewussten Deutungszusammenhang, die beide als Ursachen für das Entstehen von Krankheitsverläufen verantwortlich sind und auf bewusst gewordene negative „Gefühlsregungen" und auf die diesen zugrundeliegenden Antriebsgestalten zurückgehen, im Kortex zu negativen Bewusstseins-Frequenzmustern kulminieren und dann als Energie-Einstrahlungen auf den Körper zurückwirken und die entsprechenden somatischen Störungen hervorrufen.

ÄTHERKÖRPER

Der physische Organismus wird als ein Gesamt durch den ihn umhüllenden Ätherkörper zusammengehalten, weil er nur über diesen alle Lebensenergien erhält. Das physische System des Menschen empfängt permanent *Energien aus kosmischen Quellen über die Zentren im Ätherkörper,* um die Physis mit spiritueller „Qualität" zu imprägnieren und „vitalisieren"; denn es ist die Aufgabe des Ätherkörpers, den Körper als Bewusstseinsträger, also seine physisch-materielle Ausdrucksform nicht nur mit Lebenskraft zu erfüllen, sondern auch für den Empfang, die Erhaltung und planmäßige Umsetzung der Energien zu sorgen; denn das ist der Impuls und das Grundprinzip im Universum eines permanenten Umwandlungsprozess im Leben.[11]

> *„Die Allgegenwart Gottes hat ihre Grundlage in der „Potentia" des Universums, dem ÄTHER. Das ist ein Sammelbegriff, der den Ozean von Energien umfasst, die alle miteinander in Wechselbeziehungen stehen. Das Integral ei-*

[11] Alice Bailey, „ Der Ätherkörper"

ner jeden Form im Universum ist der ÄTHERKÖRPER. Das gilt auch für den Menschen als Geschöpf; denn durch den Ätherkörper ist der Mensch mit jedem anderen Wesen des Lebens verbunden. Die Funktion des Ätherkörpers besteht darin, Energieimpulse aufzunehmen, die das Leben selbst sind; denn der Ätherkörper ist nichts anderes als Energie, und diese Energie geht von einer zentralen Stelle als universales Denken aus".

Struktur und Bedeutung des Ätherkörpers (Funktionen)

Der Ätherkörper ist in Wirklichkeit nichts anderes als Energie, weil seine feinstoffliche „Substanz" aus Myriaden von winzigen Energieströmen besteht, die mit dem emotionalen und mentalen Körper sowie mit der Seele durch deren koordinierende Wirkung in Verbindung gehalten werden. Diese Energieströme üben permanent eine Wirkung auf den physischen Körper aus und veranlassen diesen zu tätiger Beweglichkeit, und zwar je nach Art und Stärke der ausstrahlenden Energie. Die Funktion des Ätherkörpers besteht also darin, Energieimpulse aufzunehmen und zu verteilen, die das Leben selbst sind.

Diese Energien gehen vom universalen, zentralen Bewusstsein aus und erschaffen in der Weiterleitung aller Energieimpulse über einen jeweils empfangenden Ätherkörper die notwendigen Verbindungen zu den parallel-verlaufenden Sinnen in der Physis, die wiederum der Seele als „Verkehrsmittel" zwischen sich und der Physis dienen. Auf diese Weise werden die Sinne als „Leitzügel" in den Händen der Seele zur Beherrschung des Leibes in der Außenwelt. Leider haben die meisten Menschen davon kaum eine Ahnung und werden erst in ferner Zukunft über eine konsequente Selbsterkenntnis einen allmählichen Zugang zu ihrer Seele erlangen. Denn die Seele enthält in sich alles, wobei der Mensch allein über das „Quantenbewusstsein" einen Zugang zu seiner Seele findet, denn nur über diesen „Geistfunken"[12] steht der Mensch wieder in engster Verbindung mit dem Urgeist Gottes selbst.

Bereits im Alten Testament hat man den Ätherkörper als *ein mit Feuer durchwobenes Geflecht* oder ein *von goldenem Licht belebtes Gewebe* bezeichnet. Die Bibel (Prediger 12, 6) spricht von ihm als *güldene Schale*, nach welcher erst später der dichte, physische Körper geformt wird, wobei gemäß dem Gesetz der Anziehung (Adhäsion) die Physis dazu gebracht wird, sich an das vorgegebene „Energiemodell" anzuheften, bis beide Formen einander vollkommen durchdringen und eine Einheit bilden. *„Das Ganze ist ein umfassendes System der Übermittlung und gegenseitigen Abhängigkeit, wobei der ätherische Körper den*

---

[12] Ekkehard, a.a.O.

Urtypus für den physischen Körper bildet. Der Kern des Ganzen ist die Seele selbst, die den Ätherkörper belebt, über den die Lebendigkeit des grobstofflichen Körpers ermöglicht wird. Die Seele selbst ist nicht mehr feinstofflich, sie ist der Geistfunke aus dem Zentrum und das Allesbelebende der gesamten Schöpfung. Der Äther erfüllt diesen endlosen „Raum" im Universum, der die "Außenlebenssphäre des Geistes" ist, als geistige Speise alle Geschöpfe ernährt und in jeder Seele der kondensierte Brennpunkt des Lebensgeistes schlechthin ist."[13]

Insofern ist der Ätherkörper das Integral einer jeden Form im Universum, weil der ätherische Körper die „Schablone" des physischen Körpers ist und somit der Urtypus, nach dem die dichte physische Form eines menschlichen Körpers in einer Inkarnation gestaltet wird. Denn es gibt im manifesten Kosmos nichts, was nicht eine solche *feinstoffliche und unberührbare, jedoch substanzerfüllte Energieform* besäße, die einen äußeren physischen Körper umhüllt, kontrolliert, beherrscht und in seinem Zustand bestimmt. Der Ätherkörper ist somit die Grundlage und zentrale Leitstelle für alle wahrnehmbaren Phänomene im Kosmos, und das bedeutet, dass die Urenergien über den Ätherkörper nicht nur die individuellen menschlichen Reaktionen bestimmen und folglich auch alle Wesensäußerungen der Menschen im täglichen Leben beherrschen, sondern dass die jeweils in irgendeinem Weltenzeitalter vorherrschenden planetarischen Energien ganze Epochen, Kulturkreise oder Völker dieser Welt mitprägen.

Der Ätherkörper hat das Ziel, in der Evolution einen physischen Lebensträger zu entwickeln, der als Träger eines immer höher erkennenden Bewusstseins dient und somit zugleich auch zum Weg für eine Bewusstseinsgenese wird. Eine solche Bewusstseinsgenese vollzieht sich allein über den Ätherkörper. Was sich zunächst in einzelnen Menschen vollzieht, kann jeder Mensch an seiner eigenen Entwicklung vom Säugling bis hin zum Erwachsensein nachvollziehen. Wichtig ist dabei zu erkennen, dass der Schwerpunkt des Bewusstseins mehr und mehr in Richtung des Ätherkörpers verschoben wird und nicht mehr nur auf den grobphysischen Körper mit seiner materiellen Gebundenheit fokussiert ist.

Mit dem Eintritt in das mentale Bewusstsein wurde der Ätherkörper als mentaler Denkkörper bedeutend und *„zog den Menschen aus seiner materiellen Verhaftung heraus"*. Gegenwärtig ist es das Ziel der Bewusstseinsentwicklung, das mentale Bewusstsein über sich hinauszuführen, und zwar in Richtung auf das supramentale Bewusstsein oder Quantenbewusstsein hin zu potenzieren. Solche Bewusstseinsveränderungen lassen sich über den grobphysischen Körper ablesen, weswegen eine bewusste Beschäfti-

---

[13] Lorber, Jakob, „Das große Evangelium Johannes"

gung mit dem Ätherkörper zukünftig von größter Wichtigkeit sein wird, um einen Aufschluss nicht nur über den Zustand des Ätherkörpers selbst zu bekommen, sondern auch darüber, welchen Einfluss der Ätherkörper auf den physischen Körper bei Erkrankungen besitzt. Denn rein psychische Erkrankungen, wie z.B. eine Depression, lassen sich nicht mehr allein über die Physis sinnvoll einordnen, sondern nur über Zustandsveränderungen des Ätherkörpers selbst, und das heißt: nicht als eine Folge biochemischer Prozesse im Gehirn, wie es die Hirnforschung annimmt.

Der Ätherkörper als „substanzerfüllte Energieform" umhüllt den äußeren physischen Körper, über den der Mensch in die Lage versetzt wird, auf die ein- und ausströmenden Energien, bzw. auf Energiestöße, die aus der Umwelt wie auch aus dem Inneren eines Menschen selbst kommen, zu reagieren. Der dichte physische Körper, der aus Zellen besteht, von denen jede ihr „individuelles" Leben, ihr Licht und ihre Wirksamkeit hat, wird durch dieses Energienetz des Ätherkörpers zusammengehalten und ist so dessen manifeste Ausdrucksform. Dieses Netzwerk des Ätherkörpers durchzieht jeden einzelnen Teil des physischen Körpers und besteht aus Millionen von winzigen Energieströmen oder Linien, die in der östliche Kultur *Nadi*[14] genannt werden. Diese Nadi sind die Träger der Energie, ja, sie sind sogar die Energie selbst.

Mit diesen fein verzweigten „Meridianen" des Ätherkörpers korrespondiert im physischen Körper das Nervensystem, welches als physiologisches Netz im Körper für die Weiterleitung von Energien und Kraftströmen sorgt; es ist quasi die äußere parallele Erscheinungsform des inneren, lebendigen, feinstofflichen Geflechtes des Ätherkörpers[15]. Das Nervengeflecht ist das physische Abbild, der „negative" (im Sinne von passiv empfangende) Aspekt, der „positiven" (aktiv sendenden) Energien, die das Leben eines Menschen bestimmend beeinflussen. Das Nervenreizsystem als grundlegenden Mechanismus der Informationsübertragung entdeckte Bois[16] im Jahr 1848. Es stellt die Verbindung zwischen Elektrizität und Lebensenergie dar, welche die massive Entladung jener Energie ist, die das energetische Gleichgewicht im Organismus immer wieder herstellt,

---

[14] Mit Nadi (Sanskrit = Kanal, Röhre) werden im Yoga und im Tantra feinstoffliche Energieleitbahnen bezeichnet, die den Körper durchziehen und mit Prana (Lebensenergie) versorgen (ähnlich dem Prinzip der Meridiane in der Traditionellen Chinesischen Medizin). Der Begriff Nadi wird wahrscheinlich abgeleitet von der Wurzel nad = Bewegung, Antrieb, Schwingung. In den alten Schriften finden sich unterschiedliche Angaben zur Anzahl der Nadis (350.000). In der Yogapraxis sind aber nur die drei Hauptleitbahnen, genannt Sushumna, Ida und Pingala, von Bedeutung. Die meisten Nadis entspringen dem „Kanda" am Beckenboden.
[15] vgl. Traditionelle Chinesische Medizin / Akupunktur, Meridiane
[16] Bois- Reymond, du

denn alle lebenden Organismen pulsieren im rhythmischen Wechselspiel zwischen Ausdehnung und Zusammenziehung. Bei der Kontraktion wird das Orgonfeld[17] (Energiefeld) erregt und der Organismus mit Energie aufgeladen, bei der Expansion dagegen entladen. Für die menschliche Gesundheit ist dieses ungehinderte Pulsieren lebensnotwendig, denn jede Behinderung oder Störung des Energieflusses führt zu Energiestauungen oder Unterbrechungen und infolgedessen zu Krankheiten.

Die vom Nervensystem empfangenen Energien werden dann an das endokrine Drüsensystem weitergeleitet, welches wiederum das greifbare exoterische Übertragungsorgan für alle Aktivitäten im Körper ist. Das Drüsensystem besteht aus sieben Hauptdrüsen, die wiederum den sieben Chakren des Ätherkörpers gleichgeschaltet sind, die sich im Ätherkörper als „sieben" Empfangs-Zentren (Module, Relais) für die Aufnahme und Verteilung verschiedener Energiestrahlen im physischen System befinden.

Diese Strömungssysteme (Nerven- und endokrines System) sind eng miteinander verbunden und bilden ein ineinandergreifendes Leitsystem für Energien und Kräfte, die das gesamte Lebensprinzip darstellen. Zu diesen Systemen kommt noch der Blutkreislauf als Übermittler des Lebensprinzips hinzu, weil darüber dem Organismus alle Energien zugeführt werden, indem der Blutstrom bestimmte, von den Drüsen abgesonderte Elemente, enthält. Dabei bestimmen die Chakren die Evolutionsstufe eines Menschen, indem sie vermittels des endokrinen Drüsensystems direkt auf den physischen Körper einwirken. Denn die 7 Chakren sind dabei die empfangenden Lebensenergiezentren und Übertragungsmodule für die unterschiedlichen Energien, die über den Ätherkörper in den physischen Körper einfließen. So werden unaufhörlich und ohne zeitliche Unterbrechung alle Energiezentren durchpulst, verändert und mit Kraft erfüllt. Diese sieben Zentren befinden sich – ausschließlich – in der feinstofflichen Substanz des Ätherkörpers und nicht im grob-physischen Körper, stehen aber mit diesem in enger Verbindung durch das Netz der Nadi, über das wiederum alle Energien auf das physische Nervensystem übertragen werden und das Drüsensystem mit Energie versorgt wird, wobei jedes dieser Zentren die entsprechende Drüse mit bestimmten Energien versorgt.

[17] Reich, Wilhelm: „Verbindung zwischen Elektrizität und Lebensenergie.
Orgon = Lebensenergie – Libido – Sexualität = zentrale Rolle in der Natur

Die Entwicklung des Ätherkörpers

Im Hinblick auf die Physis kann man feststellen, dass im frühen Stadium der Menschheit, in der archaischen Bewusstseinsphase vor ca. 12 Tausend Jahren, die ätherische Energie, die durch die reagenzfähigen Zentren (Chakren) strömte und dadurch die endokrinen Drüsen aktualisierte, allmählich begann, eine bestimmte Wirkung auf den Blutstrom auszuüben. Eine sehr lange Zeit hindurch wirkten diese Energien allein darüber. Daher auch das Bibelwort: „Das Blut ist das Leben." Das gilt zwar auch noch heute, denn der Lebensaspekt der Energiestrahlen „beseelt" das Blut mit Hilfe der Drüsen und ihrer Wirkfaktoren, doch daneben entfalteten sich im Laufe der Entwicklung noch andere Energieeinstrahlungen im Leben. Das Blut ist in der ganz frühen Menschheit die älteste Funktion der ätherischen Energie über den Ätherkörper. Erst im weiteren Verlauf der menschlichen Entwicklung fanden mit wachsendem Bewusstsein auch im Ätherkörper Erweiterungen über die Chakren statt.

Es waren vor allem die „Chakren" als rotierende Energiewirbel auf dem Ätherkörper, die ihre Wirksamkeit mehr und mehr auszuweiten begannen, um so über die feinstofflichen Vernetzungen der „Nadi" auf das gesamte Nervensystem einzuwirken. Dadurch erfolgte in der Menschheit ein erster vollbewusster Bezug zum gesamten „emotionalen Bewusstseinsbereich" und führte in der darauf folgenden Bewusstseinsentwicklung zu einer steten Ausdifferenzierung aller emotionalen Funktionen des endothymen Grundes, was auf das gesamte soziale Leben der Menschen gravierende Auswirkungen hatte. Mit der letzten bewussten Aktualisierung des „Mentalbereichs" vor ca. 3.000 Jahren (Beginn der mentalen Bewusstseinsphase), verwandelten die einströmenden Energien über den Ätherkörper die grob-physischen Entsprechungen dahingehend, dass sie für höhere Bewusstseinsaspekte und Sinnzusammenhänge der Menschheit nunmehr verfügbar wurden. Dies führte zu einer bewussten und planvollen Tätigkeit auf der physischen Ebene, und zwar entsprechend dem jeweiligen Level eines Menschen in seiner persönlichen Entwicklung sowie auch in der Gesamtheit aller Kulturen. Durch diese einströmenden und wirkenden Energien wurden in der Folge die den Chakren entsprechenden analogen Organe im grob-physischen Körper erregt. Dieser ätherische Mechanismus wurde so über das Blut, die Nadi und Nerven sowie in den Drüsen zum Übermittler zweier Energieaspekte: Der eine bewirkte dabei den physischen Stoffwechsel und die physische Entwicklung als Wachstum und der andere sorgte für eine permanente „Höherpotenzierung des Bewusstseins". Heute steht die Menschheit genau wie vor ca. 12.000 Jahren wieder vor einem totalen Bewusstseinswandel, und diese letzte Epoche des bisherigen Äons, das mentale Bewusstsein, befindet sich in seiner defizitären Endphase, um sich im folgenden nächsten Äon erneut einer weiteren Transparenz für höhere Frequenzen eines integralen, supramentalen Bewusstseins zu öffnen, welches endlich ins „Quantenbewusstsein" münden wird (2012 als „Stichtag").

Noch sind bei den meisten Menschen gegenwärtig in der Übergangszeit zum Neuen Äon von den 7 Chakren fast nur die unteren 3 Chakren wirklich aktiv, während die anderen zwar vorhanden sind, aber eher nur latent und wenig aktiv wirken, was zur Folge hat, dass noch immer der *animalische Bereich der Physis*, der Vitalgrund und endothyme Bereich in der gesamten Menschheit überwiegend ausgeprägt ist und im Leben fast der gesamten Menschheit die bestimmende und dominante Bedeutung hat.

Das allerdings wird sich in Zukunft in der „Gewichtung" der Chakren verändern, weil die Menschen diese dominant vitalitätsverhaftete Bestimmung zu Gunsten einer mehr spirituellen Ausrichtung verlieren werden. Natürlich bleiben auch dann immer noch die unteren Chakren als Basis beim Wechselspiel zwischen Vitalität und Bewusstsein aktiv. Letztlich wird aber in Zukunft immer mehr das „Neue Bewusstsein" die Art des Zusammenspiels der Chakren bestimmen, denn es geht dabei immer um eine Harmonisierung aller Energieeinstrahlungen. Sind z. B. im Zusammenspiel der Chakren bei einem Menschen die oberen Chakren stärker ausgebildet, kann zuweilen die Kraft der unteren fehlen, weil diese vielleicht durch eine zu starke Kontrolle des Verstandes abgewürgt werden. Das war häufig im christlichen Abendland der Fall. Ursache dafür war jene übertriebene asketische Einstellung gegenüber dem Vitalbereich. Dieser wurde häufig verabscheut, weil man sich vor dem „animalischen Teil" im Menschen fürchtete. Doch auch dieser gehört im Leben dazu und ist aus Liebe geschaffen worden. Man sollte darum darin nicht nur eine animalische Triebkraft sehen, die besser verdeckt oder ignoriert würde, sondern auch einen der stärksten Impulse zur Hingabe an andere Menschen, vor allem aber auch die Aktivierung jeglicher schöpferischen Tätigkeit.

Gegenwärtig scheint allerdings eine heftige Gegenbewegung zur Jahrhunderte langen christlichen Askese sich zu entfalten, indem man den Energien des Vitalbereiches völlig unkontrolliert und hemmungslos freien Lauf lässt und damit eine Harmonisierung ebenfalls verfehlt. Das führt zu starken Irritationen, wodurch bei den meisten Menschen die gesamte Entwicklung ungleichmäßig und eher gestört erfolgt. Denn die meisten Chakren sind noch unerweckt, andere überreizt, und die Zentren unter dem Zwerchfell oft überaktiv, was zur nervösen Erschlaffung und zu Depressionen führt. Die Folge ist, dass es Bereiche im Körper gibt, in denen sich die „Nadi noch im Embryonalzustand" befinden oder andere Regionen, in denen die Nadi zwar mit Energie erfüllt sind, ihr Strom jedoch aufgehalten und blockiert wird, weil irgendein wichtiges Zentrum noch unerweckt ist oder – wenn auch erweckt – noch keine Leitfähigkeit für energetische Ströme (Strahlungsfähigkeit) besitzt. Diese Unausgeglichenheit hat starke Wirkungen auf das Nervensystem und auf die Drüsen und führt oft zu anormalen Zuständen (Burnout), zum Mangel an Lebenskraft oder zu Überfunktion und anderen krankhaften Reaktionen, denn alle Veränderungen sind direkt vom Zustand der „Zentren" abhängig und können vom Wechselspiel der Chakren unter einander abgeleitet werden. Diese bestimmen letztendlich die Aktivität oder die Inaktivität der Nadi, die wiederum das Nervensystem beeinflussen, indem sie das endokrine System zu dem machen, was den jeweiligen Zustand eines Menschen zum Ausdruck bringt.

Energieveränderungen über Chakren

Wie erfolgen nun die Energieveränderungen über die Chakren? Es handelt sich um reine Wechselwirkungen zwischen Chakren und Gedanken. Beim Neandertaler waren die Chakren wie bei den Tieren zwar schon vorhanden, aber kaum als Module aktiv. Sie waren quasi noch identisch mit dem physischen Körper, wobei zwar der Ätherkörper bereits existierte, aber nur als latente Anlage für zukünftige Möglichkeiten. Erst im Laufe der weiteren Entwicklung bildeten sich die Bereiche des Gefühls und des Mental aus. Erst danach erfolgte über einen ständigen Energiewechsel zwischen dem physischen Körper und den sich ausbildenden Bewusstseinsebenen über die Chakren ein Austausch. Die Chakren sind dabei lediglich die Nahtstellen für den Fluss der Energien zwischen gedanklichen und körperlichen Funktionen. Diese vollziehen sich beim Tier über den Instinkt als einzige Nahtstelle, und das geschieht automatisch zwischen Wahrnehmung und Reaktion. Allerdings bei den höchst entwickelten Tieren findet man schon einen Ansatz von Intelligenz, der eine gewisse Ausbildung dieser Bereiche vermuten lässt, und dadurch erfolgen die Reaktionen nicht mehr nur instinktiv, sondern auch bewusst, und die Energien werden als Kraft empfangen und weitergeleitet. Da aber die Verbundstellen, die Chakren, noch zu sehr an der Physis orientiert sind, lassen diese bewusst nur Bruchteile der Energien durch, und das bedeutet, dass auch beim primitiven Menschen nur wenige Energien bewusst zum Einsatz gebracht werden können. Fast immer handelt es sich dabei um den rein physisch bestimmten Bereich, während der Gefühls- und Mentalbereich von diesen Energien noch gar nicht berührt werden. Die Chakren sind in diesem Fall noch trübe und in ihren Farben noch rein physisch bestimmt und müssen erst Klarheit erhalten durch eine immer schnellere Rotation. Das ist wie bei einem rotierenden Propeller: erst wenn dieser sich ganz schnell dreht, kann man fast durch die Scheibe durchsehen. Das Tempo der Drehungen ist dabei immer vom Bewusstseinslevel eines Menschen abhängig, und das ist wiederum ein Circulus vitiosus: denn die Höherpotenzierung des Bewusstseins erfolgt erst, wenn die Energien zu wirken beginnen; um aber zu wirken, muss das Bewusstsein transparent geschaffen werden. Das ist ein Paradoxon, das den Menschen als Aufgabe im Leben zu lösen gegeben worden ist. Alle Mythen sprechen von diesem zu lösenden Geheimnis, welches ja in der Tat im Laufe der Entwicklung immer wieder gelöst worden ist, allerdings in einem für die Menschheit sehr langen Zeitraum, der jedoch gemessen an universellen Maßstäben gar keine Bedeutung hat. Auch in der Gegenwart muss dieses Geheimnis auch wieder gelöst werden: Transparenz über das Bewusstsein hin zum Quantenbewusstsein durch Stimulierung der Chakren für höhere Energieeingaben, die aber nur erfolgen können, wenn über Gedanken auch die Chakren hinsichtlich ihrer Rotationen stimuliert werden, und das geht nur, wenn man sich völlig vertrauensvoll dafür öffnet im Loslassen aller intellektuellen Kontrollen.

Die Chakren des Ätherkörpers und ihre Korrespondenz mit den Drüsen und dem vegetativen Nervensystem

Auf dem Ätherkörper befinden sich die Chakren als Empfangszentren für Energien, die genau wie die Physis innerhalb der historischen Menschheitsentwicklung eine Umwandlung ihrer Funktionsbereiche erfahren haben. Diese Entfaltung des Ätherkörpers kann man auch in zeitliche Entwicklungsabschnitte untergliedern, die man noch heute in der gesamten Menschheit und deren unterschiedlichen Bewusstseinsstufen erkennen und beobachten kann.

Die 7 Chakren

1. Das Kopfzentrum

Sein Sitz ist am Scheitel des Kopfes und die entsprechende physische Ausdrucksform ist die Zirbeldrüse. Diese ist im Kindesalter solange stellvertretend in Funktion, bis der Wille zum Sein genügend stark ausgeprägt ist und der inkarnierte Mensch sich im physischen Körper fest verankert hat Auch in den letzten Entwicklungsstadien eines Menschen tritt diese Drüse wieder in Tätigkeit und dient als Ausdrucksmittel für die Energie des Strebens nach einem vollendeten Dasein auf Erden. Es ist das Organ der Synthese und dient dazu, einen Menschen bewusst mit seiner Seele in Verbindung zu bringen; denn darüber vereinigen sich in ihm die Energien des schöpferischen Willens, des spirituellen Bewusstseins und der Liebe, womit eine Synthese der göttlichen Aspekte im Menschen wieder hergestellt ist. (Für eine ein solches Streben unterstützende „Einstrahlung" spiritueller Energien sollte den Mönchen die Tonsur als eine Art äußerer „Öffnung" dienen und ihnen dadurch zur „Höherpotenzierung des Bewusstseins" verhelfen.)

2. Das Stirnzentrum

Dieses Zentrum liegt zwischen den Augenbrauen gerade über den Augen (in Indien eine häufige Zeichnung als Punkt auf der Stirn). Es ist die Ausdrucksform einer integrierten Persönlichkeit und das Zentrum für die Energieverteilung der aktiven Intelligenz. Es ist mit der Persönlichkeit durch den schöpferischen Lebensfaden verbunden und steht daher in enger Verbindung mit dem Kehlzentrum (dem Zentrum jeder schöpferischen Tätigkeit). Ist einmal ein aktives Wechselspiel zwischen Stirn und Kehlzentrum hergestellt, so bewirkt dies, dass ein solcher Mensch bereits ein schöpferisches Leben führt und die göttliche Idee in sichtbarer Form zum Ausdruck bringt. Die verdichtete physische Ausdrucksform ist die Hypophyse. Das Zentrum bringt in seiner höchsten Form Imagination zum Ausdruck. Es sind die dynamischen Triebkräfte hinter allem Erschaffenen, und so ist die Hypophyse das Organ der „veredelten, sublimierten Energien des Verlangens nach Erlösung". In der Meditation verwandelt die Hypophyse Kohlenstoffelemente in Silizium, was eine Erweiterung des Bewusstseins zur Folge hat, aber nur dann, wenn Silizium als Produkt einer „Umwandlung" in einer Art Stoffwechsel im Körper „erzeugt" und nicht medikamentös zugeführt wird.

3. Das Kehlzentrum

Dieses Zentrum liegt an der hinteren Seite des Halses und reicht nach oben bis zum verlängerten Mark – wobei die Karotisdrüse inbegriffen ist – und nach unten bis in die Gegend der Schulterblätter. Beim Durchschnittsmenschen ist es außerordentlich kraftvoll und gut entwickelt. In diesem Zusammenhang ist folgende astrologische Feststellung interessant: Das Kehlzentrum wird von „Saturn" regiert, so wie das Kopfzentrum von „Uranus" und von „Merkur" beherrscht wird: Uranus, Merkur und Saturn ergießen ihre Energien durch diese „geistigen Kontaktstellen" auf der physischen Ebene in die fest gegründete

Sphäre von Physis und Ätherkörper, die der Mensch in Zeit und Raum besitzt. Diese Beziehungen haben einen wesentlichen Einfluss auf jeden spirituellen Entwicklungsschub im Leben eines Menschen, wobei das Kehlzentrum das Organ für die Verteilung schöpferischer Energie ist. Es ist im Menschen das Zentrum, durch das sich der Intelligenzaspekt als selbsterkennende Spiritualität im Menschen schöpferisch konzentriert. Die verdichtete physische Ausdrucksform dieses Zentrums ist die Schilddrüse. Sie ist für das Wohlergehen des heutigen Durchschnittsmenschen von größter Bedeutung. Ihr Zweck besteht darin, die Gesundheit zu bewahren und bestimmte wichtige Aspekte der physischen Natur und der Psyche im Gleichgewicht zu halten; sie symbolisiert die Spiritualität aller gedanklichen Substanz.

4. Das Herzzentrum

Es entspricht der geistigen Quelle von Licht und Liebe und ist der Schlusspunkt jenes Vorgangs, bei dem die emotionale Natur mit ihrer besonders hervortretenden Qualität des Verlangens unter die Herrschaft der Seele gebracht und das Begehren des niederen Selbst in Liebe umgewandelt wird. Dieses Zentrum bestimmt die Verteilung der spirituellen Energie, die über die Seele in das Herzzentrum ergossen wird, und ist für die Herstellung einer festen Beziehung zwischen der sich langsam entwickelnden gesamten Menschheit und der spirituellen Hierarchie verantwortlich, denn nur darüber kommen zwei große universelle Zentren – spirituelle Hierarchie und materielle Menschheit – in enge Berührung und Verbindung. Ein solcher kosmischer Bewusstseinsschub wird um 2012 erwartet, über den dann die gesamte Bewusstseinsentwicklung im nächsten Äon bestimmt werden wird.

Nur wie ein Mensch in seinem Herzen denkt, so ist er wirklich. Dieses Zentrum ist für die Verteilung der universellen Energie, die über die Seele in das Herzzentrum ergossen wird, zuständig. Dieses „Herzdenken" wird allerdings erst dann möglich, wenn man es schafft, die Begierde in Liebe umzuwandeln, was auf Erden bisher nur die Heiligen geschafft haben. Von den meisten Menschen wird leider das „Fühlen im Herzen" oft mit einem „wünschenden Denken" verwechselt. Eine wirkliche „Umwandlung" kann im Leben nur erreicht werden, wenn man sich selbst erkennt und dann daran arbeitet, die „animalischen" Kräfte über den Solarplexus in das Herzzentrum zu erheben. Erst wenn dieser höhere Aspekt des Herzzentrums tatsächlich wirksam geworden ist, tritt das Denken als Ergebnis richtigen „Fühlens" an die Stelle persönlicher und subjektiv-gefühlsduseliger Empfindungsfähigkeit. Das wirkliche Herzdenken bringt dem Menschen die ersten schwachen Anzeichen für jenen Daseinszustand, den man das supramentale oder integrale Bewusstsein nennen könnte und tritt in eine wesentliche Beziehung immer zur gesamten Persönlichkeit, weil darüber automatisch eine Verbindung mit der „spirituellen Hierarchie" oder dem „Quantenbewusstsein" zustande kommt, und es wird die Koordinierung und ein direkter Kontakt zwischen Ich und Seele hergestellt. Das Herzzentrum empfindet und reagiert allein auf die Energie der Liebe. Seine verdichtete physische Ausdrucksform ist die *Thymusdrüse*. Von dieser kleinen Drüse weiß man noch wenig, denn die Eigenschaften ihres Sekretes konnten bisher noch nicht genau bestimmt werden. Diese Drüse ist in der Jugend für das Wachstum bedeutungsvoll und scheint in dieser Funktion beim Erwachsenen eher wirkungslos zu sein. Wenn allerdings die Thymusdrüse beim Erwachsenen über den „Inneren Weg" wieder aktiviert wird, beginnt sich der göttliche Plan in diesem Menschen auszuwirken, und das ist dann der erste Schritt zur wirklichen Liebe hin.

Diese benannten vier Chakren liegen alle oberhalb des Zwerchfells, das quasi eine Scheidewand innerhalb des Körpers darstellt. Unter dem Zwerchfell liegen weitere drei Chakren: das Solarplexuszentrum, das Sakralzentrum und das Zentrum an der Basis der Wirbelsäule. Das Zwerchfell symbolisiert im menschlichen Körper einen deutlichen Unterschied zwischen den höheren mentalen und spirituellen Bereichen und den niederen, sogenannten physischen Bereichen. Das Zwerchfell trennt den Teil des Körpers, der das Herz, die Kehle, den Kopf und die Lungen enthält, von allen übrigen Körperorganen. Die Bereiche oberhalb des Zwerchfells bestimmen das bewusste Leben der Menschen, denn nur das, was im Kopf beschlossen wird (Wille, Verstand), vom Herzen den Impuls (Liebe) erhält, vom Atem (Geist) ausströmt und durch den Kehlkopf zum Ausdruck (Manifestation) gebracht wird, bestimmt, was ein Mensch „*ist*" .

Unterhalb des Zwerchfells befinden sich jene Organe, deren Gebrauch viel stärker im Allgemeinen und Objektiven liegt, auch wenn sie von gleicher Wichtigkeit sind; denn alle diese „unteren Organe", die ihr eigenes Leben und ihren eigenen Zweck haben, werden permanent in ihrem Dasein und ihrer Wirksamkeit durch den Rhythmus, der aus dem oberen Teil des Körpers kommt, beeinflusst und bestimmt. Das ist z.B. gut bei körperlichen Einschränkungen zu beobachten: jede ernsthafte „Begrenzung" oberhalb des Zwerchfells hat eine zwingende und bedenkliche Auswirkung auf alles „Physische", was unter dem Zwerchfell liegt. In der heutigen Menschheit ist von diesen drei unteren Chakren das Solarplexus-Zentrum wohl das wichtigste, das Sakralzentrum das am stärksten ausgeprägte und vom heutigen Bewusstseinsstand aus gesehen ist das Basiszentrum das am wenigsten aktive Zentrum im Körper.

5. Das Solarplexuszentrum

Es liegt in der Mitte des Menschen hinter dem Bauchnabel und ist ganz besonders aktiv. Denn der Solarplexus ist die zentrale treibende Kraft im Menschen, dessen Bewusstwerdung am Beginn der gesamten Menschheitsgeschichte eine Art Initialzündung erfahren hat. Dieses Zentrum ist das „Ausfalltor", durch das die emotionale Energie in die äußere Welt strömt. Es ist das Organ des Verlangens und besitzt darum die größte Bedeutung im Leben des Durchschnittsmenschen. Die Beherrschung des Solarplexus ist ein ganz wesentliches Ziel auf dem inneren Weg, weil „Begierde" in geistiges Streben umgewandelt werden muss.

Das Solarplexuszentrum ist eine große Sammel- und Verteilerstelle für alle Zentren unterhalb des Zwerchfells und somit der Empfänger und Verteiler aller Begierdenimpulse und emotionalen Reaktionen und zugleich jenes Zentrum im Ätherkörper, durch welches das gesamte Dasein eines durchschnittlichen, unerleuchteten Menschen in seinen Wünschen bestimmt wird. Durch dieses Zentrum fließen die meisten jener Energien, die zum äußeren Fortschritt und Erfolg im Leben eines Menschen beitragen und darum auch den Menschen in ständiger Bewegung und Unrast halten. Das Solarplexuszentrum ist also der große „Unruhestifter" im Körper, wodurch sich auch die gesamte Region unmittelbar unter dem Zwerchfell bei den meisten Menschen in einem Zustand ständigen *Aufruhrs und größter Verspannung* befindet. Die verdichtete äußere Form dieses Zentrums im physischen Körper ist die Bauchspeicheldrüse (Pankreas). Eine Beherrschung des Solarplexus, richtiges Empfangen und richtiges Freilassen der dort konzentrierten Energien würde alle lebenswichtigen Organe gründlich reinigen, außerordentlich stärken und allen einen sehr wesentlichen Schutz geben. Als Zentrum der Synthese sammelt und bindet es – in der Höherentwicklung eines Menschen – alle niederen Energien in sich und ist somit tatsächlich ein Hilfswerkzeug für die Integration der Persönlichkeit. Denn das Hauptproblem eines zwar hochentwickelten intelligenten, aber noch nicht geistig eingestellten Menschen liegt im Verlangen oder Begehren. Je nach der Wesensart dieser Strebungen und Energien, die seine Gedanken auf den Solarplexus einwirken lassen, wird auch seine Entscheidung sein: entweder auf dem inneren Pfad auf der Suche nach der eigenen Seele vorwärts zu schreiten oder egozentrisch in den Verhaftungen seines Ich stehen zu bleiben und den niederen Weg einzuschlagen, der unweigerlich zum Erlöschen allen Seelischen führt.

6. Das Sakralzentrum

Es hat seinen Sitz im unteren Teil der Lendengegend und beherrscht das Geschlechtsleben. Dieses Zentrum wird so lange in der Menschheit kraftvoll, wirksam und aktiv bleiben, bis zwei Drittel der Menschheit eine Höherpotenzierung im neuen Äon (in ca. 9.000 Jahren) erreicht haben werden, denn die Zeugungsprozesse müssen vorerst noch aktiv weitergehen, um für die neu zu inkarnierenden Seelen genügend Körper zu bieten. Aber in dem Maß wie die Menschheit voranschreitet, wird dieses Zentrum immer mehr von seiner ursprünglichen Bedeutung verlieren, und seine Aktivität wird auf Grund von Erkenntnissen, Inspirationen und höheren, feineren Kontakten kompensiert werden können.

Das Sakralzentrum entspricht der Leben spendenden Kraft auf Erden. Die Symbolik des Sakralzentrums betrifft vor allem die physische Formgestalt eines Menschen, und es ist vielleicht von allen anderen dasjenige Zentrum, durch das die Kräfte der individuellen Erscheinung eines Menschen schließlich zum Ausdruck kommen und durch welches das gesamte Problem der Dualität im Kosmos gelöst werden muss. Die Lösung dafür wird aber aus dem mentalen Bereich kommen, denn nur dadurch werden die physischen Reaktionen unter Kontrolle gebracht werden können. Das Sakralzentrum steht daher in enger Beziehung zur Erscheinung und Vitalität eines Menschen. Die verdichtete physische Ausdrucksform für dieses Zentrum sind die Keimdrüsen, die Zeugungsorgane, wenn man sie als grundsätzliche Einheit betrachtet, obwohl sie in zweifacher Form (männlich und weiblich) bestehen. Aus dieser Getrenntheit erwächst ein mächtiger Impuls zur Verschmelzung und ein Drang nach Vereinigung. Der Geschlechtstrieb ist vorerst primär im rein physischen Sinn das instinktive Verlangen nach Einssein, ist jedoch in einer höheren Bewusstseinsoktave auch das der Mystik innewohnende Prinzip des Einsseins mit dem Göttlichen.

7. Das Zentrum an der Basis der Wirbelsäule

wird vor allem anderen vom Gesetz des Daseins beherrscht und gelenkt. Dieses Zentrum liegt ganz am unteren Ende der Wirbelsäule und unterstützt alle anderen. Es wird erst durch einen Willensakt zur vollen Tätigkeit angeregt und ist in der Inkarnation die treibende Kraft, die den Trieb zum Leben beherrscht und dessen Wirkungen hervorbringt. Es ist das Lebensprinzip schlechthin. Dieses Basiszentrum ist der Punkt, an dem sich nach dem Evolutionsgesetz Geist und Materie begegnen, und hier kommt das Leben mit der Form in Verbindung. Es ist also das Zentrum, wo sich die Dualität der manifestierten Göttlichkeit als

Mensch zusammenfindet und über eine Form ausgestaltet. Der Ätherkörper geht mit der Physis eine Fusion ein, eine Verbindung, die gleichsam das Abbild von „Welle und Teilchen" ist, nämlich die Verbindung der zwei antagonistischen Bereiche von „Geist und Materie".

Zusammenfassung

1. Der Ätherkörper besteht aus feinstofflicher Energie und ist der beherrschende Faktor jeder manifesten Erscheinungsform. Es gibt im manifestierten Universum nichts, was nicht diese feine und unberührbare, jedoch substanzerfüllte Energieform besäße, die den äußeren physischen Körper umhüllt und durchdringt, kontrolliert, beherrscht und in seinem Zustand bestimmt.

2. Der „Ätherkörper" des Menschen selbst besteht aus ineinandergreifenden und umlaufenden Kraftlinien. Diese Energielinien bilden ein eng verwobenes System von Kraftströmen, auf dem sich sieben Brennpunkte oder Zentren befinden: die 7 Chakren. Jedes dieser Zentren hat zu einer bestimmten Art von einströmender Energie eine Beziehung. Wenn eine Energie, die den Ätherkörper erreicht, keine Beziehung zu einem besonderen Zentrum hat, dann bleibt dieses Zentrum in Ruhe und unerweckt; wenn aber eine Affinität zu einem Zentrum besteht, ist dieses für Energie-Einstrahlungen empfangsbereit und seine Schwingungen beginnen zu rotieren und aktualisieren dabei den im Organismus davon betroffenen Bereich auf der physischen Ebene. Der Ätherkörper bestimmt auf diese Weise alle Lebensäußerungen des Menschen und beherrscht ferner mit Hilfe der sieben Zentren (Chakren) die Kräfte der Persönlichkeit, indem er alle Energien übermittelt, die zur physischen Tätigkeit anspornen. Der physische Körper ist in diesen Prozessen quasi ein bloßer „Automat", der den Impulsen des Ätherkörpers folgt, die vom übergeordneten „Selbst" quasi diktiert werden.

3. Die Funktion des Ätherkörpers besteht also primär darin, Energieimpulse aufzunehmen und durch diese Impulse oder Kraftströme, die einer spirituellen Quelle entspringen, den Antrieb im physischen Leben zu ermöglichen und zu erhalten. Denn diese Energieströme üben ständig eine Wirkung auf den physischen Körper aus und veranlassen ihn zu allen seinen Aktivitäten, und zwar je nach Art und Stärke der Energie, die den Ätherkörper gerade beherrscht. Primär ist der Ätherkörper so eng mit dem physischen Körper verwoben, dass es nahezu unmöglich erscheint, die beiden bewusst zu trennen.

4. Physis und Ätherkörper werden über das bewusste ICH als Integral zur Persönlichkeit. Dieses Ich bemüht sich lebenslang um Harmonisierung dieser

beiden Aspekte des Lebens, um alle einerseits durch physische Bestimmungen und andererseits durch den Eigenwillen des Ich ausgelösten Spannungen und die von beiden Aspekten erzeugten Reibungen im Leben eines Menschen ständig auszugleichen. Denn alle durch die beiden Aspekte von Eigenwillen und vitalen Bestrebungen entstehenden Störungen schlagen bis auf die Physis durch und werden als Erkrankungen erlitten und in Symptomen festgestellt. Betroffen davon sind alle Bereiche und Seinsebenen im Menschen: Physis, Gefühls- und Mentalebene (Endothymos und Kortex). Erst wenn die Seele oder das höhere Selbst des Menschen die Herrschaft übernommen hat und das niedere, persönliche Ich genauso zum automatischen Werkzeug der Seele wird wie der physische Körper, der bis dahin lediglich das automatische Werkzeug der Gefühle und des Denkens des Ich war. Erst danach werden diese Spannungen im Leben eines Menschen überwunden werden können. Dabei handelt es sich um einen langen seelischen Entwicklungsprozess, der besonders in den Anfangsstadien dieses „Inneren Weges" unvermeidlich zu psychischen und physischen Konflikten und Disharmonien führt, die aber allein letztendlich einer wahren Erkenntnis zum Sieg verhelfen können.

5. Oft sind die Chakren anfänglich noch „trübe" und in den „Farben" nur von der Physis her bestimmt. Sie müssen erst Klarheit und Transparenz durch ein sich schnelleres Rotieren der Chakren erhalten, die wie bei einem rotierenden Propeller, wenn dieser sich ganz schnell dreht, zur transparenten „Scheibe" wird, durch die man fast hindurchsehen kann. Das Tempo der Drehungen ist immer vom Menschen abhängig, wobei die „Höherpotenzierung der Rotationen" sich erst dann ergibt, wenn sich sein Bewusstsein so verändert hat, um für diese Energien transparent geworden zu sein. Dieser Prozess ist quasi ein Paradoxon, das aber als Aufgabe und Geheimnis von den Menschen im Leben gelöst werden muss. Alle Mythen berichten von diesen zu lösenden Geheimnissen – und im Laufe der menschlichen Entwicklung sind sie ja auch immer wieder gelöst worden – allerdings über einen sehr langen Zeitraum, der jedoch gemessen an universellen Maßstäben als solcher gar keine Bedeutung hat. Gegenwärtig muss auch wieder dieses Geheimnis gelöst werden, nämlich: über das Bewusstsein durch Stimulierung der Chakren für höhere Energieeingaben die Transparenz zu ermöglichen, was aber nur erfolgen kann, wenn man sich über das eigene Bewusstsein für diese höheren Energien öffnet, und das geht nur, wenn man voller Vertrauen alle blockierenden „Schutzmauern" kontrollierender Gedanken loslässt. Dieser Prozess entspricht quasi einer Bewusstseinsgenese, an der ein Mensch mit beteiligt ist.

6. Alle jene Ströme feinstofflicher gelenkter Energie, die auf die eingekerkerten physischen Kräfte aus dem Außen wie aus dem Innen ungestüm einwirken, stellen auf diese Weise den permanenten Kontakt mit der eher

schwerfälligeren Schwingungskraft des Körpers her. Dabei haben besonders die gefühlsmäßigen und mentalen Frequenzen große Macht, das Leben des Durchschnittsmenschen bestimmend zu beeinflussen. Der Schlüssel für die Lösung des Geheimnisses liegt in einer radikalen Bewusstwerdung dieser Zusammenhänge. Denn im Unterschied zum bloß naturhaften Leben, das nur erlebt wird, macht sich der Mensch alle wahrgenommenen und erlebten Zusammenhänge bewusst. So wie der naturhafte Körper einen Austausch (Stoffwechsel) mit seiner ihn erhaltenden Nahrung benötigt, so benötigt das Bewusstsein einen es verlebendigenden Austausch mit der geistigen Sphäre, der es selbst entstammt; und genau wie der naturhafte Körper einer permanenten Entwicklung unterliegt, ist auch das Bewusstsein nichts Starres, ein für allemal Gegebenes, sondern das flexible Ergebnis der geistigen Reaktionen, die ein Bewusstseinsträger auf die geistigen Impulse zulässt. So wie ein Musiker durch Übung eine Stufenfolge von Schwierigkeiten bewältigt, wobei er auf jeder Stufe erst festen Halt gefunden haben muss, bevor er die nächste Stufe in Angriff nimmt, so müssen auch bei der Bewusstseinsentwicklung zwei Dinge in Einklang gebracht werden, nämlich die Empfangsbereitschaft und die geistige Frequenz, die den Entwicklungsreiz auslöst.

7. Es sind die Wechselwirkungen zwischen Physis und Bewusstseinfrequenzen, die als Transmitter für die dafür empfangsbereiten Chakren dienen. Beim Neandertaler waren die Chakren wie bei den Tieren kaum ausgebildet, als Module. Diese waren quasi noch identisch mit dem physischen Körper, wobei zwar der Ätherkörper bereits existierte, aber nur als latente Anlage für zukünftige Möglichkeiten. Erst im Laufe der weiteren Menschheitsentwicklung bildeten sich die Bereiche des Gefühls und des Mentalen aus. Erst danach erfolgte ein Austausch in einem ständigen Wechsel mit dem physischen Körper und den sich langsam auszubildenden Bereiche über die Chakren, die dabei lediglich die Nahtstellen für den Fluss der Energien herstellten. Diese vollziehen sich beim Tier nach wie vor über den Instinkt als einzige Nahtstelle, und das geschieht automatisch und unbewusst. Allerdings bei den höchst entwickelten Tieren findet man schon eine Vorform von Intelligenz, weil bei diesen Tieren schon eine gewisse Ausbildung dieser Bereiche gegeben ist. Durch diese Bereiche laufen die Energien und werden abgefangen und als Kraft weitergeleitet. Da aber die Verbundstellen, die Chakren, noch zu sehr an der Physis orientiert sind, lassen sie nur Bruchteile der Energien durch und darum können bis heute auch im Menschen noch nicht alle Energien wirksam werden.

8. Dieser Entwicklungsprozess wird von kosmischen Energie-Einstrahlungen, „Prana", initiiert. Diese Energien bestimmen über die geöffnete Empfangsbereitschaft der Chakren innerhalb ihrer spezifischen Wirkungsbereiche und über ihre gestaltgebenden Impulse jenen Bewusstseinswandel auf dem „Inneren

Weg". Das gilt nicht nur für die gesamte Menschheit, sondern auch für den Verlauf eines individuellen Lebens, in dem sich die Physis, das Bewusstsein und der Ätherkörper permanent verändern, um auf immer höhere Energien anzusprechen. Der mögliche Empfang dieser einströmenden Energien entspricht dabei immer dem jeweiligen Level eines Bewusstseins und der Intensität des geistigen Strebens eines Empfängers. Transformatoren sind dabei die Chakren, die sich nicht im grob-physischen Körper befinden, sondern ausschließlich von ätherischer Substanz und somit Elemente des Ätherkörpers sind. Die Frequenzen, die also das Bewusstsein erreichen und bestimmen, machen letztlich das Sein seines Trägers und den Level seiner Frequenzbreite aus, wobei jede Frequenz in sich die Möglichkeit einer Modulation nach unten und nach oben birgt. Bei einer Modulation nach oben erweitert sich der Bewusstseinsraum und „vergeistigt" sich (Dimensionswechsel) – bei einer Modulation nach unten engt sich der Bewusstseinsraum ein und „materialisiert" sich (Absinken). Dabei bilden die drei Seinsbereiche zwar einen einheitlichen Funktionsmechanismus, wobei der Träger zwar der Vitalgrund ist, die am stärksten bestimmenden Bereiche jedoch der endothyme Gefühlsgrund und das alles steuernde kortikale Oberbewusstsein, was letztendlich das Ich zur Persönlichkeit werden lässt.

PRANA / Lebensenergie

Die „geistige Nahrung", die das Bewusstsein belebt, sind physikalisch gesehen Frequenzen, die allen Gedanken zugrunde liegen und als Transmitter fungieren. Es ist das *Prana*[18], das als energetische selbstbestimmte Wirkkraft das gesamte ätherische Universum durchpulst und unaufhörlich alle Manifestationen im permanenten Wandel erschafft und diese mit „Qualitäten" erfüllt. Alle universalen Systeme empfangen Prana aus einer zentralen spirituellen Quelle. Dieses dringt vom spirituellen Zentrum bis an die materiellen kosmischen Grenzen vor und sorgt für die Weiterverteilung der Energien an alle Gebilde des universalen ätherischen Gewebes. Dabei vitalisieren und qualifizieren diese Energien jeden empfangenden Träger unterschiedlich. Prana ist aktive „Strahlungshitze", deren Schwingung und Qualität je nach der sie empfangenden Wesenheit verschieden ist. Der Mensch empfängt diese Energien über seinen Ätherkörper, wobei sich diese nach seiner jeweils individuellen Sonderqualität einprägen. Dadurch programmieren sie die fundamentale „Färbung" seines eigenen Wesens vor

---

[18] (Atem-Yoga). Prana ist nicht Atem im landesüblichen Sinn, wenn es auch meistens so übersetzt wird, sondern es ist die Gesamtheit kosmischer Energie, die für jeden Körper lebensnotwendig ist.

und ermöglichen die Übermittlung und Verteilung der Energien an Organe und Zellen, die sein physisches System ausmachen. Dieses emanative „Prana" ist neben seinem kreativen Einfluss auf die Gestaltung von Formen auch für die Bewahrung bereits erschaffener Formen notwendig (z.B. durch Erhaltung der „Gesundheit").

Diese Strahlen sind die Grundlage des Lebens schlechthin, denn jeder Körper bildet Brennpunkte für gewisse Strahlenemanationen aus, die beleben, anregen und vor allem die „Rotation der Materie" (Strahlungshitze) bewirken. Wenn diese pranischen Emanationen von einem Brennpunkt (Chakra) empfangen werden, dann wirken sie auf die dichte biologische Physis ein, die im ätherischen Gerüst des Ätherkörpers eingebaut ist; denn neben dem lebensnotwendigen Empfangen von Prana spricht man in diesem Zusammenhang vom „Prana der Formen". Dieses hat vor allem die Bestimmung, Energien im Organismus zu verteilen und umzusetzen. Verteilung und Umwandlung erfolgen über Energien eines inhärent-latenten „Strahlungs- und Emanationsfeuers", das auch über epigenetische Einflüsse aktualisiert wird. Dieses so erzeugte, assimilierte und ausgestrahlte „Energien-Feuer" besitzt im Organismus belebende, stimulierende oder zerstörende Wirkungen. Dieses übermittelte, reflektierte und absorbierte „Feuer" ist die Grundlage allen Lebens und zwar als Mittel zur Entwicklung und Impuls hinter allem Leben. Zu den Kennzeichen von Gesundheit scheint es zu gehören, dass das elektrodynamische Biophotonenfeld flexibel auf alle möglichen Einflüsse reagiert, denn jeder lebende Organismus pulsiert mit individuellen rhythmischen Variationen, deren Intensitäten, Verzerrungen und Tendenzen durch Resonanz zu anderen Frequenzen verstärkt, verdichtet, beschleunigt, verlangsamt werden. Das bewirkt ein permanentes Ansteigen und Abnehmen des gesamten Energie-Potentials.[19] Auch Krankheitszustände von Infektionen der Luftwege, Magengeschwüren, Magen-Darm Störungen über Allergien, Arthritis und unspezifische psychosomatische Beschwerden bis hin zu Nervenentzündungen, Geschwüren und Krebs schlagen sich bei sonst beständigen elektrodynamischen Zustand nieder, meist als Folge der Absenkung des Potentialgefälles, was eine Verminderung der Bioenergie, die dem Organismus zur Verfügung steht, zur Folge hat.

Es ist jener permanente Wechsel und Austausch von Energien, wobei sich alle Teile durchdringen und voneinander abhängen. Indem die Teile Energie empfangen, wird diesen Färbung und Qualität hinzugefügt, die zu immer neuen Umwandlungen führt, die ebenfalls Energien weitersenden. Es ist ein unendlicher Kreislauf, der vom Standpunkt des endlichen Menschen aus weder einen

---

[19] Die Biophotonenstrahlung hat ihren Ursprung in elektronisch angeregten Molekülen, wobei die Elektronen durch eine Energiezufuhr von ihrem Grundzustand in eine höhere Umlaufbahn umspringen.

denkbaren Anfang noch ein mögliches Ende hat, denn sein Ursprung und Ende liegen im unbekannten universellen Urquell verborgen. Dabei entsteht jeder Zyklus aus einem anderen Zyklus von relativer Vollständigkeit, um jeweils wieder einer höheren Spiralfrequenz Platz zu machen.

Fundamentale genetische Anlagen

Zellgedächtnis

Entgegen früheren Annahmen, dass Gene nur an die direkten Nachkommen einer speziellen Art weitervererbt werden, interpretiert man heute die Integrationen von ganzen Zellverbänden in lebenden Organismen über einen „Genaustausch" nicht nur bei gleichen Arten, sondern auch bei unterschiedlichen. Dieser Aspekt der neuesten wissenschaftlichen Erkenntnisse modifiziert Darwin's Evolutionstheorie dahingehend, dass jegliche Vererbung (Charaktereigenschaften, hypothetische Veranlagung zu bestimmten Krankheiten oder Fertigkeiten), nicht allein durch unsere Gene und die DNS bestimmt werden, sondern dass vielmehr die „Umhüllung" (Membran) einer Zelle dafür „verantwortlich" ist, weil diese sehr wohl durch epigenetische Einflüsse (Gedanken) angeregt und geprägt werden kann.

Unsere Gene stellen lediglich eine Art „Hologramm" dar, das erst durch die Aktualisierung der Proteine für entsprechende „Erinnerungen" sorgt. Denn jedes körpereigene Protein besitzt ein elektromagnetisches Feld als energetisches „Urbild". Und da die Protein-Membran (das „Bewusstsein" der Proteine) direkt mit „dem Außen" korrespondiert, *„können wir selbst auch uns, unser Leben, unsere Gesundheit und auch unser Schicksal bewusst und unbewusst darüber beeinflussen"*, weil Proteine als Rezeptoren *„Wahrnehmungsschalter sind"*[20], welche die aus der Umwelt empfangenen Reize in reaktionserzeugende Proteinprozesse umsetzen, die kooperativen „Signalen" zugeordnet werden und wiederum bestimmte „Signalmoleküle" freisetzen, die zu einem koordinierten Prozess im Organismus führen. Es handelt sich dabei um eine komplexe *Verhaltenskontrolle*, die ein Organismus zum Überleben braucht und die von einer zentralen Informationsverarbeitung gesteuert wird: es sind das Ner-

[20] Bruce Lipton, a.a.O. 45: „Dieser Austausch von Informationen ist kein Zufall, sondern eine Methode der Natur, das Überleben der Biosphäre zu sichern; denn Gene sind die physische Erinnerung an das, was der Organismus einmal gelernt hat."

vennetzwerk, das limbische System und die „Zentrale" im Gehirn. Die Folge dieser zentralen Steuerung ist es, dass sich konsequenterweise jede Zelle in einer Zellgemeinschaft den informierten Entscheidungen der zentralen *Wahrnehmungsautorität* fügen muss; denn die allein ist für den Gesundheitszustand eines Organismus verantwortlich. Wenn das nicht der Fall ist, entstehen im Körper Störungen wie z.B.: Krebs, jene „Hypertrophie" einzelner Zellen, die aus dem Zellverband *ausscheren* und quasi einen eigenen „Zellverband" (Knoten, Tumor) bilden. Der menschliche Körper besteht aus Billionen von Zellen, die in ständiger Beziehung untereinander stehen, wobei es im Organismus keine einzige Funktion gibt, die nicht auch in jeder Einzelzelle enthalten ist. Das heißt, in jeder Zelle mit Zellkern gibt es ein funktionales Äquivalent zum Nerven-, Verdauungs-, Kreislauf-, Skelett- oder limbischen System des Menschen. Zellen sind „intelligent" (oder werden von einer Intelligenz geführt), besitzen „Erinnerung", können allein überleben (Kulturvermehrung im Labor) und „erlernte Erfahrungen" an zelluläre Nachkommen weitergeben. Also nicht die Gene, die sich zwar selbstständig an- oder abschalten können, bestimmen allein unser Leben, sondern ihre Aktivitäten werden von ihrem energetischen Umfeld beeinflusst, wobei das menschliche Bewusstsein wesentlich an diesem Prozess zur Verbesserung und ständigen Erhaltung der physischen und psychischen Gesundheit beiträgt.

Lipton[21] beschreibt anhand von biologischen Erkenntnissen, die er in über 20 Jahren Forschung gesammelt hat, dass wir an der Mitgestaltung unseres Schicksals einen großen Anteil haben, *„zumindest sobald wir erkannt haben, dass nur wir allein für alles verantwortlich sind, was mit uns, um uns und in uns an Umwandlung geschieht".*[22] Denn das, was in der Biologie traditionell als „Gene" bezeichnet wurde, bildet bei den meisten Lebewesen nur einen sehr kleinen Anteil des Erbgutes (beim Menschen bilden „die Gene" weniger als 2 % des Erbmaterials). Diese Erkenntnis, die sich 2001 aus dem *Human Genome Project* ergab, war die bedeutendste Erkenntnis in der Biologie und entspricht der Entdeckung der Quantenphysik; denn anders als bisher angenommen, besteht der Nicht-Gen-Anteil des Erbgutes aus epi-energetischen Elementen, die in der Lage sind, das eigene Erbgut umzubauen. Bauer[23] nennt diese Elemente „genetische Werkzeuge"; in der Fachsprache heißen sie „Transposable Elements" oder *Transposons*. Dadurch wird der Blick frei auf einen genetischen Apparat, der vom jeweiligen Gesamt-Organismus nicht nur gesteuert wird, sondern über feinste Module auch umgebaut werden kann. Es ist quasi „postdarwinsche Biologie vom Feinsten", denn es sind die „Transposable Elements",

---

[21] Bruce Lipton, „Intelligente Zellen"
[22] Alice Bailey, „Intelligenz in unseren Zellen"
[23] Joachim Bauer „Das kooperative Gen" 2008. „Darin beschreibt Bauer relativ genau, wie und wann „Transposable Elements" aktiv werden.

die in bestimmten Situationen das Erbgut umbauen und so wesentlich an der Entstehung neuer Arten immer mitbeteiligt sind. In den letzten Jahrzehnten wurden viele Gene entziffert und wesentliche Prozesse der Genregulation verstanden. Vor allem ist es die Entdeckung vieler epigenetischer Prozesse und die Bedeutung mobiler Elemente im Genom, die erklären, wieso unser Denken und Fühlen jede unserer Zellen mit beeinflusst und wir somit letztendlich die Mitschöpfer unseres Daseins sind.

Identitätsrezeptoren

Die moderne Zellbiologie hat ferner erkannt, dass jeder Mensch eine einzigartige, biologische Identität besitzt. Denn auf der *Oberfläche der Zellmembranen* gibt es eine *Gruppe von Identitätsrezeptoren*, die ein physisches Individuum vom anderen unterscheiden. Eine zum Immunsystem gehörende Untergruppe dieser Rezeptoren sind die **Human Leucocyte Antigene**. Bei Organtransplantationen ist es darum wichtig, dass möglichst viele Identitätsrezeptoren von Spender und Patient übereinstimmen um Abwehrreaktionen des Körpers einzudämmen. Dabei empfängt jede individuelle Gruppe von Identitätsrezeptoren auf der Zellmembran wie eine Antenne ihre komplementären Signale aus ihrer Zellumgebung, wodurch deutlich wird, dass die Identität nicht aus dem „Inneren" der Zelle bestimmt wird, sondern über Wechselreaktionen mit der äußeren Umgebung. Die Rezeptoren der Zelle sind also nicht die Quelle unserer Identität, sondern das gesamte Wechselspiel, was permanent aus der physischen *Umwelt heruntergeladen* wird. „Identität" ist also immer eine komplexe Signatur innerhalb der riesigen Menge an Informationen, die alle zusammen das genetische Energiefeld, quasi als „Umwelt" einer Zelle ausmachen. Unterstützt wird das durch Berichte von Transplantationspatienten, die mit neuen Organen auch neue *Verhaltensweisen und Körperempfindungen* erhalten haben. Das Zellgedächtnis lässt sich demnach so auf einen anderen, bzw. neuen Menschen übertragen. Dieses Übertragungsphänomen unterschiedlicher energetischer Felder spielt auch hinsichtlich der unterschiedlichen Ursachen von Erkrankungen eine entscheidenden Rolle.

Programmierungsmechanismen

Gesundheit ist bislang medizinisch nur vom biologisch-physiologischen Körper her verstanden worden; lediglich die Psychosomatik bietet eine Brücke und einen Ansatz zu ursächlich epigenetischen Einflüssen auf Gesundheit und Krankheit. Die genetische Basis gelangt im gesamten Stoffwechsel des Organismus erst über Programmierungsmechanismen zu ihren bestimmenden Wirkungen. Diese sind:

1. Kontraktion und Expansion / Vitalgrund,
2. Viersäftelehre / endothymer grund
3. Wachstums- und Schutzmechanismen
4. Kampf und Verteidigung / mentale Ebene

Kontraktion und Expansion

Das Leben spielt sich immer in der Spannung von Polaritäten ab, die sich auf allen Seinsebenen unterschiedlich wiederholen. Es handelt sich dabei einerseits um vorgegebene genetische Anlagen und andererseits um fundamentale Programmierungsmechanismen. Die zentrale Rolle spielt dabei die Lebensenergie selbst, die quasi mit der *schöpferischen Sexualenergie*[25] gleich zu setzen ist und im Orgasmus exemplarisch sichtbar wird und im Organismus das energetische Gleichgewicht immer wieder herstellt. Bei der Kontraktion wird das biophotone Energiefeld erregt und der Organismus mit Energie aufgeladen, bei der Expansion entladen. Für die menschliche Gesundheit ist dieses ungehinderte Pulsieren lebensnotwendig, denn alle lebenden Organismen pulsieren in rhythmischem Wechselspiel zwischen Ausdehnung und Zusammenziehung. Jede Behinderung dieses Energieflusses führt zu Energiestauungen und infolgedessen zu Störungen, indem sich körperliche *Vermeidungshaltungen* chronisch verfestigen und der Körper nur noch aus Muskelverspannungen besteht, worin symptomatisch die ursächlich *falschen mentalen Einstellungen* sichtbar werden.[26]

[25] Reich, Freud, Bio S.73
[26] S. 291 In den notwendigen körperlichen Entwicklungskrisen wird Stabilität des Organismus in Frage gestellt.

Vier Temperamente

Zu den systembedingten genetischen Anlagen im Menschen gehören auch die unterschiedlichen *Temperamente*, die den gesamten vitalen Fokus eines bewussten Ich als Persönlichkeit bestimmen. Diese fast 2500 Jahre alte **Temperamentenlehre** kategorisiert Menschen und ist der Versuch, die Menschen nach ihrer Grund-Wesensart zu unterscheiden; zwar ist das heute wissenschaftlich gesehen eine überholte Theorie, empirisch aber durchaus noch immer praktikabel. Sie geht auf die *Humoraltherapie* (Viersäftelehre) zurück, die Hippokrates (griech. Arzt, 460-375 v. Chr.) zugeschrieben wird. Im Mittelalter entwickelte sich erstmalig daraus die Theorie einer Verknüpfung von vier Körpersäften mit typischen Wesenseigenschaften von Menschen. Diese Verbindung der Viersäftelehre mit der Lehre von den vier Temperamenten erfolgte durch Galenus[27], der den vier Flüssigkeiten des Körpers („humores") je ein Temperament zuordnete. Je nach Vorherrschaft einer dieser vier Flüssigkeiten lässt sich davon ein damit verbundenes Temperament zeichnen:

- Blut („Sanguis"): Sanguiniker (heiter, aktiv)
- Schleim („Phlegma"): Phlegmatiker (passiv, schwerfällig)
- Schwarze Gallenflüssigkeit („Melas Cholé"): Melancholiker (traurig, nachdenklich)
- Gelbe Gallenflüssigkeit („Cholé"): Choleriker (reizbar und erregbar)

Im Mittelalter wurde die Temperamentenlehre Galens noch durch die Zuordnung von weiteren entsprechenden Elementen wie Himmelsrichtungen, Jahreszeiten, Sternzeichen oder Tonarten ergänzt. Auf diese Weise wurden bereits seit Jahrhunderten physische Bedingungen und Voraussetzungen mit psychischen Verhaltensweisen des Menschen in Verbindung gebracht, die in Form analoger Zuordnungen bei der Beurteilung von Gesundheit und Erkrankung bis heute ihre Gültigkeit behalten haben. Denn sie bilden nach wie vor gute Ansatzmöglichkeiten für eine Diagnose von Störungen im Gesamtbild eines Menschen. In der jüngeren Vergangenheit entstanden in der Nachfolge dieser ersten Temperamentenlehre von Galen noch viele *Typenlehren*, auf die zwar hier nicht eingegangen werden kann, aber in diesem Zusammenhang soll doch auf eine hingewiesen werden: „Das Enneagramm"[28], weil diese Schrift eine wichtige Brücke zwischen Psyche, Mental und körperlichen Konstitutionen schlägt und vor allem vom Charakter eines Menschen auf die damit verbundenen seelischen und körperlichen Störungen Rückschlüsse zulässt.[29]

---

[27] Claudius Galenus, römischer Arzt, griechischer Herkunft *Pergamon 129 ,+ Rom 199.
[28] R. Rohr, Andreas Ebert; „Das Enneagramm"
[29] siehe Anhang / Tabelle

Immunsysteme

Wachstums- und Schutzmechanismen

„Wachstum und Schutz" oder auch „Kampf und Verteidigung" sind in jedem Organismus fundamentale zelluläre Mechanismen als lebensnotwendige Reaktionen auf Umweltreize. Im 19. Jahrhundert entdeckte man die Nervenreizleitung als grundlegenden Mechanismus der Informationsübertragung im Organismus und als die Verbindung zwischen biochemischen Konzepten und elektrobiologischer Steuerung der Lebensenergie. Dabei emittieren Nerven Biophotonen, weil die Reizübertragung von der Nervenzelle über den synaptischen Spalt hinüber nicht allein mit Hilfe chemischer Botenstoffe erfolgt, sondern primär über Biophotonen. Melanin[30] ist dabei ein Biomolekül, wie die DNS das Lichtspeichereigenschaften besitzt, die als zentrale Instanz für die Steuerung biologischer Prozesse im Organismus über Biophotonenfelder gelten. Es besteht in diesen Prozessen eine Art *Antennengeometrie* als Spiegelfunktion wie in der DNS, deren Doppelhelixstruktur auch jedes Photon besitzt, was für die Funktion als Empfänger und Sender von Biophotonen wichtig ist. Eine interessante Beobachtung, die das bestätigte, ist, dass Spasmolytika (krampflösenden „Botenstoffe") die Nervenreizleitungen blockieren können, weil sie vermutlich durch Multiresonanzen (Mehrfachanregung) den Photonenaustausch im synaptischen Spalt (Verbindung zwischen Zellen) löschen.

Jede „Energiebewegung" hin zu einem lebensfördernden Signal, z.B. Nahrungsaufnahme, wäre eine „Wachstumsreaktion", so wie der Rückzug weg von einem bedrohlichen Signal von Gefahren eine „Schutzreaktion" bedeutet. Im mehrzelligen Organismus werden Wachstums- oder Schutzverhalten durch das Nervensystem gesteuert; immer wenn das Nervensystem ein Bedrohung wahrnimmt, alarmiert es die Zellgemeinschaft, die darauf auf zweierlei Art reagieren kann, denn der Körper besitzt zwei getrennte Schutzsysteme, die überlebenswichtig sind: 1. HHN[31] gegen äußere Gefahren und 2. das Immunsystem für Gefahren im Körper selbst. Diese Mechanismen gelten zwar vornehmlich für organische Zellverbände, lassen sich aber auch auf menschliche Verhaltensmuster übertragen, und zwar als analoge *Transponierung*. Denn diese beiden fundamentalen zellulären „An-

---

[30] Bischof / 276
[31] Man nennt es die HHN-Achse – die Hypothalamus-Hypophysen-Nebennieren-Achse. Ist diese inaktiv, gedeiht das Wachstum. Wenn Gefahr droht, sendet sie ein Signal an die Hypophyse, an die „Meister-Drüse", in deren Verantwortung es liegt, 50 Billionen Zellen in Bezug auf die Gefahr hin zu organisieren." Bruce Lipton S.146 ff.

triebsgestalten" im biologischen Vitalgrund finden sich analog auch im „endothymen Gefühlsgrund", in den beiden psychologischen Richtungsimpulsen von „Introversion und Extraversion"[32] wieder, und zwar genau wie in den zwei gegensätzlichen Verhaltensformen eines jeden einzelnen Menschen sowie der gesamten Menschheit hinsichtlich aller gesellschaftlichen Organisationen und deren Denkungsweisen, nämlich als „Aggression oder Verteidigung". Auch hinsichtlich der Kommunikation zwischen dem inneren Menschen (Ätherkörper) und dem physischen Körper (Immunsystem) funktioniert diese beim gesunden Menschen nur so lange störungsfrei, wie der physische Körper die Regungen des Ätherkörpers widerspruchsfrei abbildet. Wenn aber das Ich (Bewusstsein und Eigenwille) sich mit seinen Vorstellungen, Verblendungen und Selbstbildern einmischt, wird diese natürliche Kommunikation gestört, oder genauer: die eigenwillige Energie des Ich übernimmt anstelle der Seele die Steuerung, sodass deren ungeordnete Strebungen den Energiefluss zwischen Ätherkörper und physischem Körper stören.

Die Folge sind gesundheitliche Störungen, wobei man in diesem Zusammenhang noch darauf hinweisen muss, dass wir bei allen Erkrankungen zwischen akuten und chronischen Veränderungen im Körper unterscheiden müssen und die dahin führenden epigenetischen Fehlhaltungen entweder aktuelle oder habituelle sind. Denn das Immunsystem im Körper kooperiert direkt mit dem Ätherkörper, bzw. der Gedankenwelt. Wenn sich diese beiden Systeme überqueren, dann ist das Immunsystem häufig mit allen seinen Folgewirkungen blockiert oder direkt ausgeschaltet. Das Immunsystem ist in seinen Wirkungen natürlich vom Typus abhängig, denn es handelt sich dabei immer um den Einsatz und die „Handhabe" aller zur Verfügung stehenden Lebensenergien; und das bedeutet: Wie haushaltet ein Mensch mit den ihm zur Verfügung stehenden Lebensenergien, bzw. wie geht er damit um. So bewirkt das mit der Gedankenwelt kooperierende Immunsystem entweder einen positiven oder negativen Einfluss, z.B. belebende Energieeinstrahlungen für die Gesundheit oder aktuelle Fehleinstellungen im Organismus, die den Energiefluss stören und sich dann als akute Erkrankungen niederschlagen, welche bei Aufrechterhaltung der Fehlhaltungen chronisch werden können und so habituelle Veränderungen im Organismus herbeiführen.

Denn der physische Organismus ist immer ein „Gesamt", das durch den ihn umhüllenden Ätherkörper zusammengehalten wird, weil es nur über diesen alle Lebensenergien erhält. Auf den Menschen angewandt, bedeutet das die Umwandlung des Vitalprinzips in alle seine dynamischen Manifestationen,

---

[32] C.G. Jung „Emotionen sind nichts anderes als natürliche Energie, die ständig direkten Einfluss auf Körper und Gesundheit hat." Siehe auch W. Reich – bipolare Potentialverteilung.

wobei eine *enthaltsame oder ökonomische Lebensweise* nicht nur für die Erhaltung der physischen Existenz sorgt, sondern auch eine bewusste Umwandlung fördert, um alle empfangenen Energien für die Transparenz einer höheren spirituellen Bewusstseinsebene zu aktualisieren. In den niederen Lebensbereichen werden die Energien wie beim Tier meist nur zur Lebenserhaltung vergeudet, dienen nur der Existenz von Leben und Sterben. Und werden nicht wie beim bewussten Menschen in „schöpferisches Denken" umgewandelt. Die Beherrschung der menschlichen Physis ist daher ein unerlässliches Erfordernis, um die Energieströme im Körper in Ruhe und Harmonie sowie den ganzen *niederen Menschen* in einen Zustand empfänglichen Wartens zu bringen und so eine Öffnung für das Einströmen neuer und höherer Schwingungsfrequenzen zu ermöglichen, die dann auf der mentalen Ebene im Menschen ganz bestimmte Veränderungen hervorrufen können.

Neben dieser generellen Beherrschung der menschlichen Physis sollten ferner alle falsch angebrachten körperlichen Aktivitäten, also jener „Raubbau" an physischen Ressourcen vermieden werden; denn jeder innere Unruhezustand wirkt sich als bloßer Aktionismus eines verkrampften Suchen nach Lösungen aus. Jede innere Unruhe ruft durch eine falsche Lenkung der Energieströme Verblendungen hervor, die zu störenden Energiefeldern von Frequenzmustern führen, die Ursache der meisten physischen und psychischen Erkrankungen sind. Für die Lösung dieses Problems böte sich an, sich innerlich durch Meditationen mehr auf eine rhythmische Lebensweise zu konzentrieren, um sich auf eine harmonische Angleichung des physischen Körpers an den feinstofflichen Körper einzustellen. Chaos im Bewusstsein führt zu Desorganisation und Spaltung von Physis und Ätherkörper.

Denn die Hauptaufgabe des Ätherkörpers ist es, als Anreger und Energiespender des dichten physischen Körpers zu wirken, der selbst kein unabhängiges Dasein besitzt, sondern nur in dem Maß tätig ist, wie er vom Ätherkörper beeinflusst und angetrieben wird. Der Schlüssel zum richtigen Reagieren liegt also in der Fähigkeit, den physischen Körper in rhythmische Übereinstimmung mit dem Ätherkörper zu bringen, was z.B. durch ruhiges, gleichmäßiges Atmen von *PRANA*[33] zu ermöglichen ist. Damit verbunden ist immer auch zugleich eine Transparenz und Höherpotenzierung des Bewusstsein eines Menschen, was ihm im Leben mehr und mehr die Erkenntnis eines Sinnzusammenhanges in seinem Leben und die Bedeutung seines Daseins erschließt. Zu den Kennzeichen von Harmonie und Gesundheit scheint es ferner zu gehören, dass bei gesunden Menschen das elektrodynamische

---

[33] „(Atem-Yoga). Prana ist nicht Atem im landesüblichen Sinn, wenn es auch meistens so übersetzt wird, sondern es ist die Gesamtheit kosmischer Energie, die für jeden Körper lebensnotwendig ist.

Kraftfeld flexibel auf alle möglichen Einflüsse reagiert, denn jeder lebende Organismus pulsiert mit individuellen rhythmischen Variationen, deren Intensitäten, Verzerrungen und Tendenzen durch Resonanz zu anderen Frequenzen verstärkt, verdichtet, beschleunigt oder verlangsamt werden, und das bewirkt ein Ansteigen bzw. Abnehmen des gesamten Lebenspotentials.

Teil II

Energieübertragungen über die drei Seinsebenen

Es handelt sich dabei um die unterschiedlichen Wirkungsweisen des Prana in den drei Qualifikationsbereichen des wirkenden Prana, analog zu den drei Seinsebenen in der Physis, wobei Ursachen für Störungen bei der Energieübertragung dem entsprechend von dreierlei Art sind:

1. Funktionsstörungen beim Empfang von Prana auf der rein physischen Ebene /Vitalgrund

2. Störungen in der Umsetzung der Energie durch Gefühle im endothymen Grund

3. Störungen des Energieflusses und des Energieumsatzes durch kortikale Reflektionen

Auch hinsichtlich des Empfangs, der Verteilung und der Umsetzung aller Lebensenergien kann man von drei unterschiedlichen Bewusstseinsebenen sprechen, denn diese sind ursächlich für alle Triebe, Strebungen und Antriebserlebnisse als Grundrichtung der seelischen Dynamik verantwortlich. Diese sind nicht von Beginn der Menschheit oder von der Geburt eines einzelnen Menschen an voll entwickelt, sondern kommen erst allmählich auf den verschiedenen Entwicklungsstufen zur Entfaltung und lassen genetisch aufeinander aufbauend je eine besondere Seite des menschlichen Seins sichtbar werden. In dieser Ausprägung muss das genetisch Spätere als Umformung und Modifikation des genetisch Früheren verstanden werden. Die Menschen sind durch die Gene ihrer Vorfahren biologisch zwar vorgeprägt, erfahren aber über Psyche und Bewusstsein im Leben erst eine endgültige Ausgestaltung als individuelle Persönlichkeit. Denn im wechselseitigen Zusammenspiel der sich durchdringenden drei Seinsebenen Vitalgrund, Gefühlsregungen und mentale Oberschicht sind die Ursachen für alle Störungen im organischen Geschehen im Leben zu finden, wobei auch die Ursachen für Störungen beim Empfang und der Energieübertragung von dreierlei Art sein können.

Jede dieser drei Seinsebenen empfängt Energien aus kosmischen Quellen, die von den Chakren über den Ätherkörper empfangen und vom Aufnahmeorgan der Milz[34] im Organismus des Menschen weiter verteilt werden, um diesen mit Lebenskraft zu erfüllen. Wenn dieser „Zufluss" durch ungesunde Lebensweise, Raubbau an den eigenen Kräften, Lasterhaftigkeit, Verweigerung von Nahrungsaufnahme (Kachexie), Askese und bewusste Kasteiungen gestört wird, sind viele Menschen unfähig, Energien überhaupt noch zu empfangen. Nur wenn Energien-Strahlungen einen freien Zutritt zur Physis finden, wird auch der geschädigte anormale Zustand der Milz als „physisches Aufnahmeorgan" wieder von selbst in Ordnung kommen. Jeder gestörte Empfang verhindert die physische Aufnahme und damit die Übermittlung von Lebensenergien über den Ätherkörper. Ein für mangelnden Empfang typisches Syndrom ist das oft totale Ermüden des gesamten physischen Systems im Alter. Die Wissenschaft ist sich daher nicht im Klaren, ob ein Mensch an Altersschwäche stirbt oder ob der Grund dafür eine dadurch ausgelöste Alterserkrankung sei. Fakt ist auf jeden Fall: Im Alter funktioniert einfach der „Energieempfang" nicht mehr reibungslos.

In diesem Prozess geht es immer um einen Kampf polarer Kräfte, der vermittels des physischen Körpers und der bereits ansatzartig vorhandenen ätherischen Kräfte ausgefochten wird, wodurch das höheres Bewusstseinsstreben zum Ausdruck kommt. Dieser Vorgang ruft im Menschen bereits eine Art Vorahnung hervor, die wir „Individualisierung" nennen könnten, worin ein Keim zur späteren Persönlichkeit beim Menschen angelegt ist, allerdings erst mit dem voll erwachten Bewusstsein des Menschen als höherer Aspekt der Seele allmählich zur Vorherrschaft kommt und den Gewissenskampf zwischen Versuchung, Verblendung und Selbsterkenntnis einleitet, der das Leben der Menschen bestimmt.

---

[34] *„Die Milz ist das wichtigste Organ der Lebenskraft, wobei es sich um jene Lebenskraft handelt, die unabhängig von der Form der Materie selbst innewohnt. Die Milz ist die äußere, materielle Erscheinungsform des Pranazentrums, in dem das Leben der Materie selbst ansässig ist. Denn der physische Körper ist selbst kein Prinzip, sondern lediglich atomare Materie die durch ätherische Substanz unter der Kontrolle der Seele in einer Form zusammengehalten wird. Der Körper selbst ist in seinen Reaktionen automatisch und leistet ungezählten äußeren Antrieben und inneren Impulsen Folge, hat aber selbst kein Leben, das eine Initiative entwickeln könnte. Er besteht aus Energieeinheiten, dessen Brennpunkt für die Energieverteilung im Leben die Milz ist. In der Milz kommen das „negative" (empfangende) Leben der Materie und die Lebensenergie des „positiven" (zeugenden) Ätherkörpers zusammen. Dann springt ein „Funke" zwischen den inneren, lebendigen Organen des Menschen (durch Vermittlung des Ätherkörpers) und der physischen Ebene über. Das ist eine Widerspiegelung auf der niedersten Sprosse der Evolutionsleiter, soweit es den Menschen betrifft und entspricht der Beziehung zwischen Seele und Körper, oder – auf einer höheren Runde der Spirale – der Beziehung zwischen Geist und Materie. Milz ist das Steuerungsorgan für die Verteilung der Energien über die Chakren an die gesamten Physis, quasi ein „Schaltzentrum". In spiritueller Hinsicht ist sie die „Plazenta des Ätherkörpers" und insofern wie die Plazenta im Mutterleib, das Urorgan. Darum ist sie auch die Verbindungsstelle nach wie vor mit dem Ätherkörper, aber nur so lange sich dieser entwickelt. Danach verliert sie ihre Bedeutung, weil andere Pranazentren (Chakren) ihre Funktion übernehmen, vor allem das Scheitelchakra. Die Milz als ätherische Plazenta ist noch vor der Geburt bei der Geburt vorhanden, weil sich aus ihr der Ätherkörper entfaltet, um später ihre Funktionen an die Chakren abzugeben."* Alice Bailey, „Der Ätherkörper".

I. Seinsebene / Empfang von Prana

Funktionsstörungen auf der rein physischen Ebene / Vitalgrund

Vitalität und körperliche Gesundheit stehen in engster Verbindung mit dem richtigen Empfang und ökonomischem Umgang von Lebensenergien; und das bedeutet, dass Störungen im Empfang sich grundlegend auf lebensnotwendige Bedürfnisse wie Ernährung und Triebbefriedigung beziehen und in den „Strebungen des lebendigen Daseins" gründen. Auf dieser physischen Ebene haben wir es mit zwei Aspekten zu tun: mit den physischen Kräften der eigenen subjektiv erlebten Welt und den uralten Energien der Natur selbst. Auf dieser unteren Bewusstseinsebene ist das wahrnehmende Erleben in diesem Frühstadium noch sehr vordergründig auf die naturbedingten Fakten gerichtet. Es handelt sich also bei fast allen Aktivitäten der Menschen eher um ein bloßes Registrieren und Reagieren, und darum scheinen vorerst Begrifflichkeiten wie Verblendung oder Illusion im strengen Sinne noch nicht anwendbar. In diesem Stadium probieren die Menschen noch, sich den Anforderungen der sie umgebenden Natur in mehr oder weniger spontanen Aktionen anzupassen. Wir haben es noch mit keinem Begreifen, sondern eher mit einem naiven Ergreifen der Welt im Sinne des Prinzips von Trial and Error zu tun, so dass Störungen beim Energieempfang von Fehleinschätzungen der eignen Kräfte herrühren und lediglich Korrekturen bedürfen.

In diesem Stadium der menschheitlichen Entwicklung wird mehr oder weniger nur die materielle Welt erlebt, denn der Mensch lebt selbst noch in einem engen Naturverbund und ist noch von *„keines Gedankens Blässe angekränkelt"*[35]. Er erkennt einen Unterschied zwischen sich und einer von ihm objektiv getrennten Naturwelt noch nicht. Ganz im Gegenteil identifiziert er sich vielmehr mit der ihn umgebenden Natur und findet seine Befriedigung im rein physischen Vergnügen und seiner eigenen physischen Betätigung, sodass er noch fast automatisch auf physische Instinkte reagiert wie Fortpflanzung, Ernährung und Wärme. Dieses Stadium gilt gleichsam für die Entwicklung jedes einzelnen Menschen und entspricht der ersten Lebensphase des Kleinstkindes. Gebser[36] bezeichnet diese Periode als archaisches und magisches Bewusstsein innerhalb der Bewusstseinsentwicklung der gesamten Menschheit. Auf dieser Bewusstseinsebene wird die animalische Natur zum bestimmenden Mittelpunkt aller Bestrebungen, um quasi ein Gefühl der Vereinigung mit der Natur hervorzurufen. Der Mensch ist seinem Bewusstsein nach völlig beherrscht durch das, was ihm begehrenswert erscheint und was er in all seinen Beziehungen triebhaft

---

[35] Schiller
[36] Gebser, Jean; „Ursprung und Gegenwart"

empfindet, weil seine *Seele vorerst noch schläft*. Eine vorübergehende, physische „Einswerdung" findet lediglich im Koitus statt, und das Leben wird allein durch das bestimmt, was ein Mensch an körperlichem Wohlbehagen verlangt und was ihm Sicherheit verschafft.

Noch ist das Erleben einschichtig, vordergründig und ohne doppeldeutige Verstellungen durch subjektiv motivierte Bewertungen. Darum ist es verständlich, dass auf dieser ersten Entwicklungsstufe zum Schutz und als primäre Abwehr von Fehlschlägen oder Anfechtungen physische Disziplinen wie Abstinenz, Zölibat, vegetarische Kost, Körperhygiene oder Leibesübungen eingesetzt werden. Denn unter dem Gegenteil von physischer Enthaltsamkeit versteht man gewöhnlich Ausschweifung oder zügellose Sinnenlust, die reine Vergeudung der Lebensenergien ist, was zu einer Schwächung des physischen Körpers führt. Ein zügelloser von Lust und Süchten verblendeter Mensch kann darum oft den niederen Begierden nicht widerstehen und verliert seine Kontrolle und Selbstbeherrschung, weil er nicht auf die Erhaltung seiner Energie achtet. Diese Probleme können nur über ein richtiges Wahrnehmen, ständiges Kontrollieren und konsequentes Beherrschen überwunden werden, denn ein „ungeordnetes Wollen ist immer zugleich eine Art Ausweichen vor Grundfragen und ein Sich-nicht-Einfügen in die harte Lebensordnung, sowie eine Flucht vor Entscheidungen, die nur über Krankheiten, also über eine Reduzierung der Vitalkräfte, den Menschen zur Umkehr zwingt.

Denn nur wenn die empfangenen und zur Verfügung stehenden Lebensenergien in richtiger Weise vom Ätherkörper in die Physis weitergeleitet und umgesetzt werden, können sie dort mit der natürlichen, latenten Körperwärme zusammenzuwirken, den Körper in einem vitalisierten ausgeglichenen Zustand erhalten und diesem eine gewisse Grundschwingungsfrequenz (z.B. 37°C Körpertemperatur) auferlegen, was dann einerseits zum natürlichen und normalen Funktionieren der Organe führt und andererseits in der Umsetzung aller wirkenden Kräfte im Leben eine Harmonisierung ermöglicht. Um diese Ausgeglichenheit zwischen Körper und Bewusstsein ständig zu erhalten, muss sich der Mensch allerdings selbst darum bemühen, was die „Mitverantwortlichkeit"[37] der Menschen in der bipolaren Potentialverteilung der Schöpfung ausmacht. Gegenwärtig sind wegen der ungesunden Lebensweise in den Zivilisationen viele Menschen unfähig, pranische Energieströmungen überhaupt genügend zu empfangen oder „anzuzapfen", was oft zur Abriegelung der Bezugsquelle und demzufolge zur Atrophie und Schrumpfung der Aufnahmezentren führt.

---

[37] Hildegard von Bingen, „Der Mensch in der Verantwortung"; Auch W. Reich spricht vom Zusammenhang zwischen elektrodynamischen Feldern und Psyche, von einer Absenkung des Potenzialgefälles, was zu einer Verminderung der Bioenergie führt und durch die Psyche bedingt ist. Biophotonen S.87

Erhaltung der Energie ist als ein permanenter Umwandlungsprozess das Grundprinzip im Universum. Auf den Menschen angewandt, ist es die Umwandlung der Vitalenergien in physisch-dynamische Manifestationen. Dabei erhält eine enthaltsame, gesunde Lebensweise nicht nur die empfangenen Energien, sondern konzentriert diese auch durch eine bewusste Umwandlung auf eine höhere, spirituelle Bewusstseinsebene. Denn nur so kann die Energie, die in den niederen Lebensbereichen meist nur sinnlos vergeudet wird, in schöpferisches Denken umgewandelt werden. Die Beherrschung der lebenswichtigen Energien ist daher ein unerlässliches Erfordernis, um die Energieströme im Körper in Ruhe und Harmonie und den ganzen niederen Menschen in einen Zustand empfänglichen Wartens zu bringen und so eine Öffnung für das Einströmen neuer und höherer Schwingungsfrequenzen zu ermöglichen, die dann auf der mentalen Ebene im Menschen ganz bestimmte Veränderungen hervorrufen und zur Erhaltung der Gesundheit dienen.

Diese dominant physische Bestimmung der ersten Seinsebene ist ihrem Wesen nach reine Vitalität, Temperament oder Antriebskraft, also im Grunde die Energie des Menschen, wie sie normalerweise naturhaft aktiv in Erscheinung tritt. Eine weitere Befriedigung und das Gefühl des Geborgenseins sucht der Mensch im Bestreben nach Ernährung und materiellem Besitz, was in der Gegenwart für die meisten Menschen noch immer der Normalzustand in ihrem Leben ist. Noch machen sich die Spannungen des im Leben vorherrschenden „Dualismus" nicht gravierend bemerkbar. Wenn sie auch im Leben von Tag zu Tag zunehmen, so liegen sie dennoch in der Zukunft und können weiterhin vergessen und ignoriert werden. Es geht also auf dieser ersten rein physischen Ebene primär um Disziplinierung, Kontrolle und Koordinierung der Kräfte und Energien der vitalen Basis, und es handelt sich dabei um eine allmähliche Loslösung von Verhaftungen an subjektive Wertvorstellungen physischer Zustände und den daraus herrührenden Verhaltensformen der eigenen physischen Stärke, der persönlichen Anziehungskraft oder Befürchtungen durch lebensbedrohende Zustände. Lersch spricht in diesem Zusammenhang von „Antriebserlebnissen des lebendigen Daseins", Strebungen, die sich in Bewegungs- und Tätigkeitsdrang, Genussstreben, Sexualität, Selbsterhaltungstrieb, Geltungssucht oder Wille zur Macht manifestieren. Alle diese Antriebserlebnisse sind auf die Teilhabe an der Welt abgestimmt, und zwar im Sinne des Besitzens und Für- sich Habenwollens. Darin eingeschlossen sind auch alle sozialen mitmenschlichen Verhaltensformen wie Füreinandersein, Helfersyndrom, Bemächtigung, Rücksichtslosigkeit, Rohheit, Brutalität, Rache oder Vergeltungsdrang. Daher lassen sich auf dieser Bewusstseinsebene noch alle auftretenden Funktionsstörungen beim Empfang der Lebensenergien allein mit der vitalen Basis der Physis in Beziehung setzen; denn Funktionsstörungen auf dieser Ebene betreffen immer die

Art und Weise, wie der Mensch „pranische Strömungen" vermittels der dafür notwendigen Chakren empfängt und durchlässt bzw. blockiert.

Andererseits führt ein übertriebenes „Anzapfen" von Energien ebenfalls im Körper zu Funktionsstörungen. Das kommt unter Lebensbedingungen vor, in denen die Zentren (Chakren) den Energieeinstrahlungen zu direkt und zu anhaltend ausgesetzt werden und darum zu schnell vibrieren, d.h. ihre Rotationen zu stark erhöht werden und dadurch Prana in übergroßer Menge aufnehmen. Das ist zwar seltener, kommt aber in tropischen Ländern zuweilen vor und verursacht lästige Schwächezustände, denen die Bewohner solcher Länder ausgesetzt sind, wodurch davon Betroffene der Trägheit, Lethargie oder Entkräftung zum Opfer fallen. Anders ausgedrückt: Der ätherische Körper wird faul und gleicht einem ungespannten Netz oder ähnelt einem schlaff gewordenen Tennisschläger, der seine Elastizität verloren hat. Das erfolgt auch bei übertriebenen Yoga- und Kundalini-Meditationen[38], weil dabei der ätherische Körper das Prana oft zu rasch und intensiv empfängt und die Energien mit zu großer Gewalt durch das physische System hindurch und aus ihm heraus gelangen, so dass dieses Procedere einem inneren *Verbrennen* gleich kommt und ebenfalls zu Verletzungen und Erkrankungen führen kann.

Neben dieser generellen Beherrschung physischer Energien sollten alle falsch angebrachten körperlichen Aktivitäten vermieden werden. Jeder innere Unruhezustand wirkt sich als intensiver Aktionismus aus, wofür gegenwärtig alle jene aggressiven und verspannten Bemühungen in der Welt so charakteristisch sind. Diese innere Unruhe ist durch eine falsche Lenkung der Energieströme die Ursache der meisten Zivilisations-Erkrankungen. Für die Lösung dieses Problems böte sich an, sich innerlich mehr auf eine rhythmische Lebensweise zu konzentrieren, um sich auf einen harmonischen Ausgleich des feinstofflichen Körpers mit dem physischen Körper einzustellen. Denn die Hauptaufgabe des Ätherkörpers ist es, als Anreger und Energiespender auf den materiell dichten physischen Körper einzuwirken, der selbst kein unabhängiges Dasein hat, sondern nur in dem Maß tätig ist, wie er vom Ätherkörper beeinflusst und angetrieben wird. Der Schlüssel zum richtigen Reagieren liegt in der Fähigkeit, den physischen Körper in rhythmische Übereinstimmung mit dem Ätherkörper zu bringen. Alle diese Selbstdisziplinierungen des Körpers und die damit verbundene Reinigung und Läuterung sind die Voraussetzungen, um „Körper und Geist" rein zu erhalten. Zur Erweckung und Entfaltung dieser Lebensenergieströme bietet sich in dieser ersten Bewusstseinsebene das Hatha-Yoga an, um gewisse Voraussetzungen für ein späteres Stadium der verschiedenen Meditationen zu schaffen. Hatha Yoga ist eine Vorbereitungsstufe für den Pfad der

---

[38] Gobi Krishna / Kundalini, Scherzverlag

Läuterung; denn physische Koordinierung ist eine der ersten Maßnahmen zur richtigen Behandlung, weil nur darüber die Triebkräfte des Lebens diszipliniert und kontrolliert werden können, um für den eigentlichen „Kampf im Leben" gewappnet zu sein und ein gesundes Leben führen zu können.

II. Seinsebene / Verteilung von Prana

Verteilung der Energien auf der polaren „Gefühlsebene"

Auf der physisch-vital bestimmten ersten Seinsebene geht es primär um die Beherrschung und Koordinierung aller zur Verfügung stehenden physischen Energien und Kräfte, wobei Probleme lediglich in vordergründigen Selbsttäuschungen und Einschätzungen der eigenen Kräfte durch Begehren, Eitelkeiten und Machtbedürfnisse entstehen. Auf dieser Bewusstseinsebene ist die „Doppelpoligkeit" im Leben noch nicht das größte Problem, weil sich der Mensch in diesem Stadium noch mit der Natur mehr oder weniger im Einklang befindet. Allerdings mit der Weiterentwicklung und vor allem der Differenzierung der Gefühle und der damit verbundenen permanenten, vergleichenden Wertung alles Erlebten ist das Hauptziel aller Auseinandersetzungen auf dieser Bewusstseinsebene die *Erfüllung oder Ausmerzung des Wünschens und Fühlens* und der damit verbundenen gewaltigen Störungen im Körper. Denn das zweite Entwicklungsstadium ist charakterisiert durch den Beginn bewusst aktualisierter „Gefühlsregungen", die diese zweite Seinsebene zur wichtigsten Bewusstseinsebene aller Auseinandersetzungen mit den *Gegensätzen in der dualen Welt* macht. Vor allem wird sich der Mensch mehr und mehr selbst seiner Verantwortung bewusst, die zum aktuellen Erfordernis einer moralischen Haltung wird (Moses / Gesetzgebung). Innerhalb dieses Fadenkreuzes von Körper und Umwelt geraten die Menschen in einen permanenten Konflikt, der sich in der Physis vor allem in der Verteilung aller empfangenen Energien störend auswirkt. Hildegard von Bingen vermerkt dazu:

„Der Mensch steht von Natur aus mitten in einer konkreten Welt und unterliegt damit deren Gesetzen und natürlichen Einflüssen. Er nimmt zwar die äußere Welt lebenslänglich in sich auf und filtert alle Angebote über seine leibhaftige, erkennende und erlebende Partnerschaft zur Welt durch, wirkt aber auch von sich aus aktiv, vorsorgend, eingreifend, planend in die Welt hinein und gestaltet dadurch letztlich das Universum mit. Der Mensch ist also mitverantwortlich für die Entwicklung im Kosmos und wird darum von Hildegard geradezu das Inbild der Schöpfung genannt. Aus diesem Grundgedanken, der weit über ein naturalistisches Verständnis hinausgeht, erfährt das Sein des Menschen erst einen Sinn. In diesem Zusammenhang bezeichnet

Hildegard v. B. alle Untugenden oder Verblendungen als „ungeordnetes Wollen" das seinen stärksten Ausdruck im „Begehren als Anhangen an Objekten, die Wohlgefühle schaffen" findet."

In diesem zweiten Stadium wird sich der Mensch vor allem mehr und mehr der Dualität im Leben und der damit verbundenen Spannungen bewusst. Die Probleme auf dieser Bewusstseinsebene liegen im Erspüren und allmählichen bewussten Begreifen der Dualität im Leben und den damit verbundenen und implizierten Verblendungen. Der Mensch empfindet lebhaft die Tatsache, dass er selbst und alle anderen Menschen Opfer von Kräften und Energien sind, über die man selbst keine Macht hat und von denen man hin und her getrieben wird. Der Mensch verspürt erstmalig Kräfte und Energien in seinem eigenen Innern, die er nicht beherrscht und die ihn in verschiedener Weise zum Handeln zwingen und ihn dadurch häufig zum *Opfer seines Tuns* machen. Ferner entdeckt er seinen eigenen Vitalkörper als das Kontakt-Instrument auf der physischen Ebene und den Ätherkörper als das Instrument, durch das er mit den inneren Kräften, Energien und Welten in Verbindung kommt. Dieses Stadium bereitet sowohl dem Einzelmenschen als auch der gesamten Menschheit erhebliche Schwierigkeiten; denn die Menschen wissen immer noch wenig von der wahren *Wirklichkeit, die unter der sie umgebenden Hülle leuchtet*, was bis heute nicht nur das Hauptproblem im täglichen Leben ist, sondern auch zugleich die *Wurzel allen Übels* und Ursache aller physischen Erkrankungen.

Zwar mühen sich die Menschen in den Entwicklungsländern noch immer mit den Anforderungen der 1. Phase auf der physischen Ebene ab, doch scheint die Zeit auf der Erde allgemein für eine globale Weiterentwicklung reif zu sein, sodass auch diese Menschen in Zukunft in eine höhere Bewusstseinsebene gelangen werden, was jedoch noch immer ein langwieriger Prozess bleibt, weil das Bewusstsein auch auf dieser Bewusstseinsebene noch nicht das intelligente Gewahrsein eines wirklich denkenden Menschen erreicht hat. Noch ist es das blinde Bewusstsein des physisch-emotional bestimmten Menschen im Zusammenwirken mit den eigentlichen Naturkräften. Allein hierin liegt auch das heute noch immer kaum zu lösende Problem der weltweiten „Entwicklungshilfe", weil man fälschlicherweise mit dem Bewusstseinsmaßstab von Hochzivilisationen an diese Fragen und Probleme herangeht (Aborigines, Neger, Inder, Asiaten).

Denn selbst nach erreichter Bewältigung der anfänglichen Anforderungen auf der physischen Ebene sieht sich der Mensch erneut vor ein Problem gestellt, das bis in die Gegenwart aktuell ist: die Überwindung jener emotional bestimmten Gegensätze, aus denen sich bis heute die fatale Gefühlseintrübung der Vernunft und das daraus resultierende und oft so verzweifelte Suchen nach

Klarheit und Erleuchtung erklären lassen. Blind, ungestüm und rücksichtslos wie Pubertierende stürmen die Menschen dahin, um sich plötzlich und unerwartet vor neue wechselnde Bedingungen gestellt zu sehen: Die Gegensätze auf der „Gefühlsebene" werden den Menschen brutal bewusst, und das bisherige scheinbare Gefühl eines erreichten „Eins-Seins" der Kindheit und Jugend – wenngleich auf einer niederen Bewusstseinsstufe – und das quasi errungene neue Zielbewusstsein, sowie die scheinbar sichere und oft so selbstgefällige Genugtuung verschwinden, wobei die bereits erreichten bisherigen Orientierungen sich in Dunst auflösen und im *Nebel der Verblendungen* verloren gehen. Alles das führt zu Irritationen, die sich als *Umsatzstörungen der Energieeinstrahlungen* in den davon betroffenen Organen im Körper dissoziativ auswirken. „Umsatzstörungen von Energien" haben immer etwas mit der „Verteilung"[39] des bereits empfangenen Prana zu tun und betreffen nicht primär allein den Vitalgrund, sondern rühren von diffusen Gefühlsregungen im emotionalen Bereich her, weil sie vom Temperament, den endothymen Gefühlsregungen, der Intensität und vor allem von der gesamten Gemütslage eines Menschen immer mitbestimmt werden, so dass es dadurch oft zu einer disharmonischen Verteilung kommt, die zu ungleichgewichtigen Energiezuordnungen im Körper führen: *Himmelhoch jauchzend – zu Tode betrübt*. In diesem Stadium entdeckt der Mensch auch das Du und empfindet damit zugleich auch lebhaft die Tatsache, dass widersprüchliche Gefühlsreaktionen und deren Wirkung im Körper als Gefühlsregungen wie Schmerz oder Lust erfahren werden.

Die meisten Spannungen dieser Bewusstseinsebene beruhen auf der Tatsache, dass physische Kräfte und gefühlsmäßige Energien nicht nur plötzlich in Erscheinung treten, sondern auch aneinandergeraten und sich im Leben als irritierende Störungen in Verblendungen und Missverständnissen bemerkbar machen. Erst wenn diese im Leben *vorprogrammierten Konflikte* von jedem einzelnen Menschen im Leben erkannt und erfolgreich ausgekämpft sind, ermöglicht das die *Überwindung jener systemimmanenten Dualität*, sodass alle Probleme sich zerstreuen; und das bedeutet: über eine konsequente Selbsterkenntnis jene krankmachenden „Verblendungsnebel" aufzulösen! Man sollte sich dabei aber nicht täuschen, indem man meint, eine Lösung bereits dadurch gefunden zu haben, indem man sagt: „jetzt verstehe ich", während man in Wirklichkeit bloß auf eine selbstverständliche Binsenwahrheit reagiert und es bei dieser Aussage einfach belässt. Erst wenn man wirklich mit dem *erkennenden Verstehen* ernst macht, indem man sich über ein Begreifen auch um die Umsetzung,

---

[39] Bio Leben ist eingebunden in sensible Regulationsprozesse mit den es umgebenden elektromagnetischen Feldern, wobei die Verteilung der Energie auf die Lebensprozess der Biosphäre ihre Abweichungen von der linearen, euklidischen Geometrie, also funktional-kausal, von inneren raum-zeitlosen Strukturen erhält.

um das „Ergreifen" des scheinbar schon Begriffenen bemüht, kann man verhindern, dass dieses nur „Halbverstandene" nicht als störende Rückstände sich als üble Erkrankungen in körperlich wahrnehmbaren Symptomen bemerkbar macht, wobei sich quasi dieser „Umsturz" durch das erst allmähliche „Erwachen" eines reflektierenden Bewusstseins auf der dritten Bewusstseinsebene in einer Lebenskrise äußert, der ursächlich für die meisten psychischen Störungen und Erkrankungen zuständig ist.

Denn alle Antriebserlebnisse (Triebe) sind als menschliche Vollzugsformen immer mit Gefühlsqualitäten verbunden, wobei dieses *„Tandem" ein gemeinsames Merkmal aufweist:* Beide tauchen aus dem für das bewusste Ich nicht mehr kontrollierbaren Bereich des endothymen Grundes auf, ergreifen den Menschen und haben eine ursprüngliche Tendenz, das menschliche Verhalten im Leben zu bestimmen. Diese Bestimmung hat immer einen pathischen Charakter (*Pathos = eine Einwirkung erfahren und erleiden, im Gegensatz zur freien Aktivität*): So *„überkommt"* z.B. den Menschen eine Stimmung, man wird von den Erregungen der Angst oder Wut *„gepackt"* und von den Gefühlen der Bewunderung oder Ehrfurcht *„ergriffen"*. Von diesem pathischen Charakter aller Antriebserlebnisse und Gefühlsregungen hebt sich im menschlichen Bewusstsein das Wollen oder der Wille und das Denken phänomenologisch in unzweideutiger Weise ab. Denn im Wollen und Denken erfährt sich der Mensch als bewusstes Ich-Zentrum, nicht pathisch getrieben und gesteuert, sondern als selbst agierend und aktiv steuernd. *„Im Wollen erhebt sich das bewusste Ich wie das Festland einer Insel aus dem bewegten Meer der endothymen Gefühle und Erlebnisse."*[40]

III. Seinsebene / Umsetzung von Prana

Kortex / Kortikaler Oberbau – Der störende Einfluss auf den Energiefluss und dessen Umsetzung im Organismus

Die dritte Ebene, die vom Kortex bestimmt wird, ist vor allem für die Umsetzung aller empfangenen Energien zuständig weil sie integrierend auf den gesamten Organismus einwirkt. Es sind die absolut einseitig epigenetischen Einstrahlungen, die alle anderen einfärben und am stärksten im Körper auf Harmonie, Disharmonie Gesundheit oder Störungen Einfluss haben. Denn es ist eine alte Tatsache, die Plutarch mit den Worten ausdrückt: *„Eine Idee oder ein Gedanke sind zwar unkörperliche Wesen, die an sich keinen Bestand haben, die aber ungeformter Materie Zahl und Gestalt verleihen und zur Ursache aller Manifestation werden."* Ideen und Gedanken erreichen uns aus der Ebene der

[40] Lersch, a.a.O. S.51

Intuition und die Seele erleuchtet diese Mental- und Intuitionsebene, so dass sich beide einander in ihren Wechselbeziehung offenbaren und damit augenscheinlich werden. Lersch spricht in diesem Zusammenhang von zwei Wahrnehmungsmöglichkeiten[41]: Von einer horizontalen Verflochtenheit von Seele und Welt, dem sogenannten Funktionieren im Leben und von einer vertikalen Einheit der davon unterscheidbaren seelischen Vollzüge und Zustände Auf dieser dritten und eigentlichen menschlichen Bewusstseinsebene innerhalb der Gesamtentwicklung befindet sich jeder Erwachsene aller zivilisierten Länder, vor allem aber alle dominant mental bestimmten Menschen aus den Reihen derer, die begonnen haben, die Verhaftung der *gefühlsbestimmten Illusionen und Verblendungen* zu verlassen und für die *Stimme der Stille* und die Anforderungen der Seele empfänglich geworden sind. Es ist das Stadium, in welchem der intelligente, denkende Mensch lernt, zwischen der Realität und der dahinter verborgenen Wahrheit, zwischen Wissen und Weisheit, zwischen Erkenntnis und Illusion zu unterscheiden.

Unabhängig von einer individuellen Entwicklung ist der normale Mensch sein ganzes Leben lang von einem oder dem anderen Seinsbereich im Denken und Handeln bestimmt. Das Denken, was zur Verifizierung und Verkörperung einer Idee, also zu ihrer Umwandlung in einen praktischen ausführbaren Plan beitragen kann, ist dabei meist durch subjektive, individuellen Eintrübungen verstellt. Dank des erreichten mentalen Bewusstseins kann sich jeder Mensch jedoch ernsthaft um die Überwindung aller eintrübenden „Illusionen" bemühen. Illusionen sind zwar selbst auch *halbmentale Aspekte*, die jedoch alle objektiv-realistischen Denkgewohnheiten vernebeln und so zur Verblendung durch irrige Auslegungen und Missverstehen von Ideen und Gedanken führen. Noch ist man zwar überzeugt, dass für die „Überwindung" solcher Verblendungen allein Vernunft und Urteilskraft des Denkens notwendig seien, ist sich aber meist über die Tragweite möglicher Auswirkungen nicht im Klaren, weil man selbst noch immer das sogenannte Verwirrungsstadium der Erfahrung durchläuft und persönlichen und geistigen Verblendungen unterliegt. Auch hier wieder hilft nur eine kontrollierte Selbsterkenntnis für eine Selbstfindung, um nicht in subjektiven Ichverblendungen stecken zu bleiben, was vor allem für die Auffindung der Ursachen von Krankheitssymptome von großer Bedeutung ist: *Der Weg der Heilung ist der Weg aus dem Ich zum Selbst, aus der Gefangenschaft in die Freiheit, aus der Polarität in die Einheit*[42], und das bedeutet: völlige Bewusstwerdung seiner Selbst.

Denn allein der alles integrierende „kortikale Oberbau" über dem Vital- und endothymen Grund unterscheidet den Menschen vom Tier und macht ihn

---

[41] Philipp Lersch, „Aufbau der Person".
[42] T. Dethlefsen / R. Dahlke, „Krankheit als Weg"; S. 361

überhaupt erst zum Menschen. Beim Menschen findet sich das Zusammenwirken von elementaren Antriebserlebnissen mit dem Gefühlskörper noch auf den Kortex als dritte Bewusstseinsebene erweitert. Denn das konkrete Verhalten eines Menschen stellt immer ein Bündel, einen Komplex, ein Ineinander verschiedener Strebungen dar, denn das, was wir in den wechselnden Situationen des Lebens an Bewusstseinsstrebungen erfahren, ist zumeist „mehrstimmig": *„Das Tier ist zwar auch ein erlebendes und fühlendes Lebewesen, doch der Mensch ist dagegen nicht nur ein biologisches, sondern auch ein geistiges Wesen. Sein seelisches Leben erhält dadurch einen dialektischen Charakter. Es ist, im Gleichnis gesprochen, der Kreuzungspunkt zwischen Leben und Geist. Das macht seine eigenartige Zwischenstellung im Reiche der Wirklichkeit aus".* Daher muss eine vital-psychologische Betrachtung, die dem Menschen gerecht werden will, den in ihm zum Selbstbewusstsein erwachten Geist nicht nur einbeziehen, sondern alle drei Seinsbereiche des seelischen Funktionskreises (elementare Antriebserlebnisse, emotionales Leben, sowie Denken und zielgerichtetes Wollen) vom Geistigen als der Streberichtung und Zielbestimmung des Menschen her zu verstehen suchen. Dabei muss man sich immer vergegenwärtigen, dass alle drei Seinsbereiche im Verhältnis der Durchdringung und Verflechtung zueinander stehen und sich nicht nur gegenseitig beeinflussen, sondern erst in der gegenseitigen Durchdringung von Wahrnehmung, Angemutetwerden und Streben eine jeweilige Erlebnislage ermöglichen. *„So notwendig es also ist, das Erleben des Menschen zunächst vom Leben her zu verstehen, so einseitig wäre es andererseits, es in allen seinen Vollzügen und Inhalten ausschließlich unter physiologisch-biologischem Gesichtspunkt auslegen zu wollen."*[43]

Zusammenfassung

Die Arten der Energiestörungen in den drei Seinsbereichen:

1. die Art und Weise, ob und wie der Mensch Energie-Einstrahlungen vermittels der dazu notwendigen Zentren (Chakra) empfängt und aufnimmt
2. wie das empfangene Prana über den ätherischen Körper in der richtigen Weise wirksam verteilt wird
3. wie die Energien in organische Vitalität umgesetzt werden, um den energetischen „Kreislauf" konstant im Körper aufrecht zu erhalten. Das sind die lebensnotwendigen Aktivitäten, die einmal die Physis betreffen und zugleich die Verbindung zum Bewusstsein des Menschen ermöglichen.

---

[43] Ph. Lersch a.a.O. S. 100 ff. Kritik am Behaviorismus

1. Physische Seinsebene / Vitalgrund / EMPFANG von Energien

Auf dieser ersten Ebene werden die Lebensenergien aufgenommen und bis an die Peripherie des Körpers weitergeleitet, so dass alle physischen Organe beseelt und belebt werden, und die automatischen, unterbewussten Funktionen des aus dichter Materie bestehenden Körpers angeregt werden. Wenn das „Gewebe" des Körpers diesen Zweck vollkommen erfüllt, ist es zugleich vor Erkrankungen geschützt. *„Die Gebrechen des Fleisches sind demjenigen unbekannt, der Prana richtig empfangen und verteilen kann."* Erst wenn das erkannt ist, wird es eine grundsätzliche Wandlung in der Heilkunde hervorrufen, die sich dann weniger auf Heilung als viel mehr auf Prophylaxe (Vorbeugung) verlegen und konzentrieren wird.

2. Emotionale Seinsebene / Endothymer Grund / VERTEILUNG von Energien

Im zweiten Stadium beginnen sich die pranischen Strömungen quasi mit dem *„Feuer an der Basis der Wirbelsäule"* zu vermischen und dieses Feuer langsam aufwärts zu treiben, wobei es seine Hitze aus den Zentren unterhalb des Sonnengeflechts (Plexus Solaris) in die drei höheren Zentren - das Herz-, Kehl- und Kopfzentrum überträgt. Das ist ein langwieriger Prozess, sofern er der natürlichen Entwicklung allein überlassen bleibt; denn dabei ist die Mithilfe des Menschen notwendig: Meditation, Yoga etc. Diese „Mithilfe" erfolgt nur über den Menschen selbst und erstrebt eine Höherpotenzierung seines Bewusstseins, was auch eine größere Transparenz der Physis zur Folge haben wird.

3. Bewusstseinsebene /Kortex als Reflektionsvermögen / UMSETZUNG von Energien

Ziel im 3.Stadium ist die Überwindung der Problematik der „Dualität" im Leben, in dem man sich aus diesem Zustand herausgearbeitet hat und die Problematik der Gegensatzpaare ganz klar erkennt und somit in das höchste Erkenntnisstadium eintritt. Vor allem ist es aber dieser *mentale Funktionsbereich*, auch *Mentalkörper* genannt, der den Bewusstseinsbereich des Denkens und Wollens umfasst, um Gefühlsregungen bewusst werden zu lassen. Denn alle drei genannten Bereiche bilden einen einheitlichen Mechanismus, wobei das wirkende Verhalten (Handeln) im Zusammenhang des gesamten seelischen Lebens zwar primär aus der Wirksamkeit der Triebe und Strebungen als dem ersten Glied des seelischen Funktionskreises zu verstehen ist, aber erst durch die *Gefühlsumhüllung* eine *Durchtönung* oder bestimmte „Qualität" erhält. Dadurch erfährt diese letztendlich im bewussten Handeln des Denkens und über Willensimpulse eine Zielgerichtetheit. Denn bewusste menschliche

Handlungen sind immer Antworten auf einen Vorentwurf ganzheitlicher Situationen und sind nicht wie die instinktiven Reflexe des Tieres allein eine Antwort des psychosomatischen Organismus.

Denn solche Handlungen verlangen die Verflechtung von vorstellendem Vergegenwärtigen und sinnlichem Bemerken, und das sind Leistungen der intellektuellen Funktionen des Denkens, die darauf ausgerichtet sind, sich die Welt „verfügbar" zu machen. Allein in der geistigen Funktion des Denkens ist darüber hinaus auch das Moment der Sinnerfassung zu sehen. Diese zweifache Bedeutung des denkenden Bewusstseins spiegelt sich in seiner Doppelfunktion wider: Denken als intellektuelle Funktion und als Mittel, die Welt und das Dasein zu organisieren, aber auch als spirituelles intuitives Erfassen, welches eine Assimilation von geistigen Infiltrationen in das denkende Bewusstsein darstellt. Letzteres ist das **Quantenbewusstsein**, das allein über den „Ätherkörper" oder den „Bewusstseinskörper" übermittelt wird. Darum muss man über ein rein funktionales lineares Denken hinaus zu einem mehrdimensionalen analogen Denken kommen, um letztendlich in einem gezielten intuitiven Quantenbewusstsein das Wesen und den Sinn des Lebens zu erfassen. Erst dann kommt man zu dem Entschluss, den weiteren *Kampf und die Führung* dem dafür zuständigen *inneren Krieger*, der Seele, zu überlassen.

Zwei Bewusstseinsarten

Quantenbewusstsein	Ichbewusstsein
Traumbewusstsein	Wachbewusstsein
Vertikales Bewusstsein	Horizontales Bewusstsein

„Wir müssen endlich erkennen, dass wir sowohl spirituelle Wesen sind, die mit ihrer Seele in einer spirituellen Welt existieren, als auch materielle Wesen, die in einer materiellen Welt existieren"[44]. Und das bedeutet, dass im physiologisch-natürlichen Entwicklungsprozess der Menschheit als bestimmende Komponente immer auch der „Geist als Bewusstsein" hinzutritt und den „Startpunkt" für jegliche Weiterentwicklung markiert, die beim Menschen nicht mehr wie in den Geschöpfen der Natur automatisch erfolgt, sondern von diesem selbst mitbestimmt wird. Insofern ist nicht mehr die menschliche Physis allein die Basis dieser Weiterentwicklung, sondern vor allem der „Ätherkörper", oder „Bewusstseinskörper", als bestimmender Impuls des Bewusstseins für jegliche Weiterentwicklung der Menschheit. Nur so ist auch die Äußerung der hl. Hildegard v. B. zu verstehen: *„Der Mensch trägt für das Universum Mitverantwortung."*

Für die Tatsache, dass unser Bewusstsein alle Informationen nicht nur über seine physischen Sinne und äußeren Wahrnehmungen bezieht, sondern auch eine unmittelbare Verbindung zu höheren Bewusstseinsdimensionen besitzt, legen parapsychologische Phänomene als *Transkommunikationen* oder außersinnliche Wahrnehmungen wie Telepathie, Visionen, Prakognitionen oder Sendungen über *morphogenetische Felder*[45] ein Zeugnis ab, so dass dieser Zusammenhang heute längst als bewiesen gilt. Es handelt sich dabei um „Resonanzen" zu anderen nicht wahrnehmbaren Informationsfeldern. Das Gesetz der Resonanz besagt, dass wir immer nur mit dem in Kontakt kommen können, zu dem wir in Resonanz stehen und diese Überlegung führt letztlich auch zur „Identität" von Außenwelt und Innenwelt, so dass alles im Leben sich in Reso-

---

[44] Vladimir Delavre, „Signale aus anderen Welten" – Wenn es ein Leben nach dem Tod gibt, ist nur darüber ein Informationsaustausch denkbar
[45] Rupert Sheldrake spricht von „unsichtbaren Informationsfeldern".

nanz verhält: Körper und Bewusstsein, Geist und Materie. Denn unser Körper ist der Spiegel unserer Seele und zeigt uns auch das, was die „Wahrnehmung" ohne objektive Gegenüberstellung allein nicht erkennen kann.

Nur allein in der Funktionalität des alltäglichen realen Leben kennen wir jene geradlinige *Kausalität von Ursache und Wirkung*, die immer einen festgesetzten Endpunkt der Fragestellung braucht, denn im kausalen Weltbild hat schließlich jede Manifestation eine Ursache, was deutlich macht, dass dieses Konzept der Kausalität bestenfalls im alltäglichen Leben als eine Funktion des Denkens praktikabel ist, jedoch völlig unzureichend und unbrauchbar als Instrument ist, metaphysischer Zusammenhänge zu erfassen; denn in der kausalen Funktionalität sind die beiden Koordinaten von Zeit und Raum die bestimmenden Größen, die damit auch die Welt der „Täuschungen und Illusionen" ermöglichen. Das zeit- und raumlose „Quantenbewusstsein" dagegen kennt keine Kausalität im Sinne von „Vorher und Nachher oder „Immer-wenn-dann". In diese Kategorie des Quantenbewusstseins und der Intuition gehört auch die Analogie als eine Art „zweiter Kausalität", die eine notwendige Ergänzung zur *Einseitigkeit der linearen Kausalität* darstellt. Erst beide zusammen ergeben eine vollständige Interpretation der Welt. So wie die Vorzüge der Kausalität in der Funktionalität liegen, so hat die Analogie, die den Blickwinkel um neunzig Grad verschiebt, ihren Vorzug im *Transparentwerden* inhaltlicher Zusammenhänge und Hintergründe. Darum gelingt es über die Analogie, die Welt als Ganzes zu begreifen und „Urbild und Abbild" wieder zusammen erscheinen zu lassen.

Es ist unser Ich, das dazu neigt, die beiden *Hälften unseres Seins* aufzuspalten, so dass wir aus der einen Hälfte ein „objektiv wahrnehmbares Außen" und die andere Hälfte zu unserem „Spiegel" machen, weil wir das „Außen" nicht als unser subjektives „Innen" akzeptieren wollen. Doch was nutzt der beste Spiegel, wenn wir nicht gewillt sind, die „Spiegelung" auf uns selbst zu beziehen? Das aber ist nur über die bittere Wahrheit einer konsequenten Selbsterkenntnis möglich, die nicht nur beide „Hälften" umfasst, sondern auch als gegenseitig bezogenes Ganzes zu verstehen ist. Allein das Ich verhindert durch seine Abgrenzungen ständig das Erkennen dieses Ganzen, was Verblendungen und einen ewigen „Zwei-fel" schafft, der die Polaritäten in Gegensätze spaltet. Und das ist das wahre „Böse der Welt" und dennoch die notwendige Bedingung, um wieder zur „Ein-sicht" zu gelangen; „ ... *ich bin die Kraft, die stets das Böse will, und stets das Gute schafft.*"[46] Denn wir brauchen für unsere Erkenntnis immer zwei Pole, doch wir dürfen nicht in ihrer Gegensätzlichkeit stecken bleiben, sondern

---

[46] Goethe, „Faust"

die Spannungen daraus als Antrieb und Energie auf dem Weg zur Einheit nutzen.

Denn Gegensätze einen sich im Leben nie von selbst. Der Mensch muss sie handelnd erleiden, sie „ergreifen", um sie zu „begreifen", um sich diese überhaupt erst zum bewussten „Besitz" zu machen, und dafür ist die „Krankheit" als notwendige Spannung und Voraussetzung fast der einzige Weg, der zu diesem Ziel führt. Nur über Leiden erfährt man sein Innerstes, sein wahres Zentrum, um mit diesem eins zu werden. „Krankheit ist nicht nur das schnellste Pferd zur Wahrheit"[47], sondern sie macht uns auch ehrlich und entlarvt schonungslos alle verborgenen Abgründe der Seele. Denn alle Betrügerein der Welt sind harmlos, gemessen an dem, was der Mensch sich in permanenter Verblendung selbst vorlügt.

In der Krankheit wird dagegen alles offenbar, weil sich das „Verborgene" in den körperlichen Symptomen für alle sichtbar zeigt. Symptome zwingen uns quasi über den Körper, das zuzugeben, was wir freiwillig als Verdrängungen nicht bereit sind, als Schuld zu akzeptieren; denn alle Symptome sind die „somatische Verdichtungen" dessen, was von uns im Bewusstsein als Täuschung oder Illusion „umgelogen" wird, um nämlich die in der Polarität als Rückspiegelung, Relativierung oder offenbarende Gegenüberstellung unserer „Sünden" zu vermeiden. Denn Symptome entlarven immer verdrängte psychische Inhalte und machen sie schonungslos sichtbar. So werden alle „Sünden" als „Absonderung oder Polarität" sichtbar, weil die „Sünden" im polaren Bewusstsein des Menschen bereits vorprogrammiert und immanent vorhanden sind und nicht erst im konkreten Verhalten aktualisiert werden. „Sünde" so verstanden ist nie ein Pol innerhalb einer Polarität von „Gut und Böse", sondern die immanente Polarität im Leben selbst. Dessen sind sich die meisten Menschen durchaus bewusst und schämen sich auch ihrer Krankheiten, deren „Heilung" oft nur über einen Bewusstseinswandel erfolgen kann, im Wiedererlangen der Einheit in der Wiedervereinigung der beiden Bewusstseinsarten als Harmonisierung aller energetischen Frequenzen. Das ist die Gleichschaltung der Funktionalität des Denkens und der Transparenz der intuitiven Analogien im Quantenbewusstsein über eine radikale Akzeptanz der absoluten Vergegenwärtigung und Bewusstwerdung eines gegenwärtigen „Jetzt".

[47] Ruediger Dahlke

Welt der Gedanken

Auch in der spirituellen „Welt des Denkens" existiert eine Art „Polarität" in Form von Wechselwirkungen zwischen funktional-kausalem Denken und intuitiv-analogen Quantenbewusstsein, *das Bohm in seiner Schrift „Die Implizite Ordnung" als richtungsweisend für das zukünftige Denken der Menschheit bezeichnet: „Diese implizite Ordnung ist fundamentaler und umfassender als die explizite Ordnung. Sie erscheint wie ein Wurzelgrund, in dem die Objekte der expliziten Ordnung vor ihrer Manifestation in virtueller Form als „Keime" oder „Urbilder" ruhen"*[48]. Danach scheinen auch „Geistige Phänomene" wie Gedanken eine „Komplementarität" aufzuweisen. Denn diese Wechselwirkungen gelten nicht nur für Objekte unserer äußeren Wahrnehmungswelt, sondern gleichermaßen für das „innere Aufscheinen" unserer subjektiven Welt im Denken, Fühlen, Vorstellen und Phantasieren. Denn auch Gedanken haben hinter ihren expliziten Äußerungen eine implizite transzendente Überlagerung durch spirituelle *Archetypen,* welche die eigentlichen *Beleber des Bewusstseins* sind und allein den Level eines menschlichen Bewusstseins ausmachen; weil alle Aktivitäten des Geistes immer mit *Nichtlokalität* verbunden sind und so ein permanentes „Oszillieren" zwischen Quantenbewusstsein und Ätherkörper erfolgt. Denn *das Quantenbewusstsein ist der Denker hinter den Gedanken* – es ist der Geist oder das Selbst, das mit sich selbst interagiert und Ideen generiert, wobei dieses Selbst sich weder im Körper noch im Hirn befindet. Es ist gleichzeitig überall und nirgendwo, gehört in den *Doppelbereich des Denkens* und liegt in der *Lücke zwischen unseren Gedanken und deren energetischen Wirkungen; und das ist die „Unschärferelation"* im Bewusstsein des Menschen.

So wie *jeder Moment des Bewusstseins einen gewissen expliziten Ausdruck hat, der ein Vordergrund ist, so hat dieser einen impliziten Inhalt als einen dazugehörigen Hintergrund,* und genau so hat auch jedes Materieteilchen als expliziter Teil einer Ganzheit seine Ergänzung in der impliziten Ordnung der Welle. Darum ist es durchaus einsichtig, auch in der Medizin finalistisch vorzugehen, und d. h. nicht die Ursachen von der Erkrankung nur im Körper allein zu suchen, sondern über deren erkennbaren Symptome und analoge psychische Störungen hinaus vorzugehen, um von den wahren Ursachen, von den im Ichbewusst-

---

[48] Bohm, David; „Die implizite Ordnung"

sein entstehenden und entstandenen „Verquerungen" gedanklicher Frequenzen auszugehen, die als Energieeinstrahlungen auf den Körper zurückwirken.

Und das bedeutet, das Ich-Bewusstsein als Integrationsinstanz des archaischen, magischen, mythische und mentalen Bewusstseins über das Quantenbewusstsein zu erweitern, um die Ich-Integration in einer höheren Bewusstseinsdimension wirken zu lassen. Denn die Interaktionen zwischen Bewusstsein und Körper unterliegen in der Entwicklung eines Menschen zunächst einer dumpfen Schulung der Bewusstseinsgenese. Dies geschieht, um das Bewusstsein allmählich zu seiner Vorherrschaft zu führen. Insofern ist die Bewerkstelligung der Ich- Integration in höhere Bewusstseinsdimensionen ein erster Schritt auf dem Wege hin zum Quantenbewusstsein (Supramental). Denn das Ich-Bewusstsein allein erfasst die Welt zu sehr in ihrer *Teilchendimension* und befindet sich daher immer in der Relativität einer materiellen Welt. Je geringer die Bewusstseinsschwingung ist, desto mehr relativiert sich die Realität, je höher die Frequenzschwingung sind, desto mehr verschiebt sich der Bewusstseinsschwerpunkt zum spirituellen Bewusstsein hin.

Goswami spricht daher zurecht von zwei Bewusstseinsarten: Hirnbewusstsein und Quantenbewusstsein. Die medizinische „Hirnforschung" spricht in diesem Zusammenhang von einem „physischen Bewusstsein" und im Gegensatz dazu von einer „intuitiven Intelligenz": *„Ich bin nun endgültig zu der Annahme gekommen, dass es im Menschen zwei verschiedene Intelligenzorgane gibt, und zwar den Thalamus (Sehhügel), welcher der Sitz des Instinkts, und die Himrinde (Cerebral Kortex), die der Sitz der verbündeten Fähigkeiten des Intellekts und der Intuition ist"*[49]. Mit letzterem ist der „Quantenmechanismus" gemeint[50], die Fähigkeit eines „Quantenobjektes" (ein Gedanke) ein eigentlich unüberwindliches, reales *physisches Hindernis* zu überwinden, eine Fähigkeit, die sich allein aus seiner „Wellennatur" ergibt. Für C. G. Jung liegt die Lösung dafür in der Annahme, dass „Psyche und Physis" oder Geist und Materie ohnehin aus demselben „Stoff", aus „Energien", bestehen, wobei das Gehirn als physisches Organ nur die Funktion eines empfangenden Messapparates besitzt, der ein riesiges gedankliches Konglomerat oder Makro-Quantensystem von nichtlokalen, archetypischen Quanten als Empfangsmodul dient und der Quantenmechanismus ähnlich wie ein Laserstrahl im Gehirn funktioniert.

[49] Bailey, Alice, a.a.O.
[50] A. Goswami" Das bewusste Universum" S.214: „Mir ist klar, dass die Daten, die zwischen Geist und Quant Parallelen wie Unschärfe, Komplementarität, Quantensprünge, Nichtlokalität und letztlich auch kohärente Superpositionen erkennen lassen, nicht unbedingt für schlüssig zu erachten sind. Denn was wir als Geist bezeichnen, besteht aus Objekten, die mit den Objekten submikroskopischer Materie verwandt sind und Regeln unterliegen, die denen der Quantenmechanik ähneln."

Dieser öffnet sich durch Kohärenzen dem nichtlokalen Bewusstsein, worüber ein Transferpotential ausgelöst wird, das sich in der formlosen „Potentia" im transzendentalen Bereich des Bewusstseins befindet. Goswami: *„Zusammenfassend geht es mir darum, dass wir die Funktionen des Gehirns als Bewusstsein neu betrachten müssen, und zwar als Messapparat einerseits und auch als Quantensystem andererseits."*[51] Für Goswami gibt es quasi zwei Bewusstseinssysteme: *„Es existieren im Gehirn zwei Bewusstseinssysteme, und zwar ein Makro-Quantensystem, ein Konglomerat von Archetypen als universale Quanten und das physische Gehirn, das nur ein Messapparat ist."*[52] Korrekter wäre es allerdings: Nicht im physischen Gehirn existieren zwei Bewusstseinssysteme, sondern über den „Ätherkörper" funktioniert ein Quantenmechanismus wie ein Laserstrahl als nichtlokales Bewusstsein durch Überlagerungen von Kohärenzen, worüber ein Transferpotential ausgelöst wird, was sich in der formlosen „Potentia" im transzendentalen Bereich des Bewusstseins befindet, und vom physischen Gehirn lediglich empfangen und registriert wird. Denn das physische Gehirn funktioniert wie ein Computer, der mit Programmen arbeitet, die aus reiner Zweckmäßigkeit den deterministischen Gesetzen der klassischen Physik folgen. Das nicht lokale Quantensystem arbeitet dagegen mit Programmen, die nur teilweise algorithmisch[53] sind und wie ein Laser funktionieren, der sich dem nichtlokalen Bewusstsein öffnet.

Dieser Standpunkt von „zwei „Intelligenzorganen" findet auch in der orientalischen Lehre eine Parallele, die als Tatsache annimmt, dass sich das koordinierende Funktionszentrum der gesamten niederen Natur in der Gegend des Hirnanhanges befindet, wohingegen der Kontaktpunkt zum höheren Selbst, sowie der Intuition in der Gegend der Zirbeldrüse zu suchen wäre. Auch Goldberg spricht in diesem Zusammenhang von *Rationalität und Intuition, die nicht nur wie ein Tandem arbeiten, sondern wie zwei separate Wasserrohre, die denselben Zapfhahn bedienen,*[54] wobei das Denkvermögen von der Seele Erleuchtung in Form von ausgeschütteten Ideen oder Intuitionen empfängt, die ein direktes Wissen vermitteln und als unfehlbar gelten. Dieser Vorgang wird dann vom „aktiven Denkvermögen" quasi wiederholt, indem die von der Seele übermittelten Intuitionen und Erkenntnisse dem empfangsbereiten Gehirn zugeleitet werden.[55] Solche Übertragungen von Ideen oder Gedanken auf physische Module weisen immer auf eine „Kommunikation" zwischen beiden „Bewusstseinsarten" hin: „Denkbewusstsein" und „spirituelles Quantenbewusstsein", die eine gemeinsame Quelle haben und zwischen „Geist und Quant" entweder analoge

---

[51] Goswami a.a.O. 213.
[52] Goswami a.a.O. 216.
[53] Ein Algorithmus (Lösungsverfahren) ist eine formale Handlungsvorschrift zur Lösung eines Problems.
[54] Phil Goldberg: „Die Kraft der Intuition" S. 32
[55] Das ist die Bestätigung der Platonischen Ideenlehre auf der neuronalen Ebene.

Parallelen, aber zuweilen auch Frequenzüberquerungen und Dissonanzen aufweisen. Es handelt sich dabei immer um einen quantenmechanischen Prozess, also um eine *bewirkende Wellenfunktion*, um gewissermaßen ein „Quant" im Gehirn zu „strukturieren", wobei es sich eigentlich um eine transzendente Ordnung im Bewusstsein handelt.[56] Man vermutet, dass *virtuelle elektrische Impulse von Zelle zu Zelle im Gehirn über einen synaptischen Spalt in einem quantenmechanischen Prozess, also über eine Wellenfunktion gelangen, um das zu bewirken.* Daraus ergibt sich der Schluss, dass Psyche und Materie nicht nur in ein und derselben Welt enthalten sind, sondern auch miteinander in ständiger Berührung stehen und schließlich beide auf anschaulichen transzendentalen Faktoren beruhen und deshalb nur zwei verschiedene Aspekte einer und derselben Sache sind. Dabei ist der Ätherkörper die mediale Empfangsstelle für Energie-Strahlen und als Transmitter selbst integraler Bestandteil aller „Substanzformen" sowie die Basis für alle quantenmechanischen Bewusstseinsprozesse; denn dieser ätherische Energiekörper ist die Wesensäußerung alles Lebens, indem über ihn jede Form auf der äußeren, objektiven Ebene beseelt wird. Durch dieses „Medium" ist jeder Mensch grundsätzlich mit jeder anderen Ausdrucksform des Lebens verbunden.

Ohne der weiteren Entwicklung vorzugreifen – und sie wird sicher noch lange Zeit im einseitig medizinisch-physiologischen Denken weitergeführt werden – lässt sich heute schon sagen, dass man mit unserem rein materiell-mechanistischem Denken bei ausschließlicher Beschränkung auf physiologische Aspekte dafür keine Antwort finden wird, weil nur eine konsequente Bewusstseinsumstellung einen Zugang zu höheren Schwingungsbereichen ermöglicht. Denn alles besteht aus Schwingungen, die zusammen gehören. Nur der bisherige irdische Schwingungsbereich ist ein begrenzter, wobei dennoch aus höheren Dimensionen ständig Schwingungen durchdringen und nur bewusster empfangen werden müssen. Latent sind dafür im menschlichen Bewusstsein sogenannte „Chips" vorhanden, die auf Eingaben über eine Resonanz reagieren, und dieser Resonanz-Empfang muss in Zukunft stärker aktualisiert und erweitert werden.

---

[56] Goswami S. 165 ff. „Daraus ergibt sich der Schluss, dass Psyche und Materie in einer und derselben Welt enthalten sind, überdies miteinander in ständiger Berührung stehen und schließlich beide auf anschaulichen transzendentalen Faktoren beruhen und deshalb nur zwei verschiedene Aspekte einer und derselben Sache sind."

Bewusstseinspotenzierung

Hier stellt sich die Frage, woran man den gravierenden Unterschied zwischen dem heutigen Ichbewusstsein und dem zukünftigen Quantenbewusstsein festmachen kann. Werden da lediglich bisher latente Bereiche aktiviert oder treten neue hinzu? Ist das Gehirn nach wie vor lediglich das Umschlagsmodul oder der Messapparat für ein reines Denkbewusstsein oder hat die Menschheit bisher allein nur diesen Teilbereich aktivieren können? Werden weitere Bereiche aus der Latenz befreit, wobei diese jedoch selbst nichts mit dem Bewusstsein zu tun haben? Handelt es sich dabei lediglich um eine Erweiterung der Empfangs- und Speichermöglichkeiten (vergleichbar mit einer Hardware-Aufrüstung am PC) und worin besteht die Mitarbeit der Menschen selbst an diesen Prozessen?

Auf jeden Fall handelt es sich bei allen Frequenzübertragungen um Resonanz-Aktivitäten des „Ätherkörpers", der allerdings in der bisherigen menschlichen Bewusstseinsentwicklung primär nur als eine rein „abbildhafte Funktion" (Matrize) für die Physis gesehen wurde und als „Aktivposten" im Hinblick auf ein innerlich wirkendes „Quantenbewusstsein" bisher nur sehr selten bei Heiligen oder medial begabten Menschen (Genies) aktiv in Erscheinung trat und vermutet wurde. Zwar ist bei dieser Umwandlung oder Höherpotenzierung der Seinsebenen das Prinzip der *vermittelnden Energiefelder* das gleiche, nur nicht die gleiche Lichtenergie. Sie ist hinsichtlich des menschlichen Bewusstseins eine ganz andere, die nichts mehr mit mikroskopisch vergleichbaren Bewegungen (Biophotonen, Neutrinos etc.) zu tun hat. Nicht, weil das Empfängerorgan (Hirn) anders strukturiert ist, sondern weil für die Entwicklung des menschlichen Bewusstseins ganz andere Energiefelder zuständig sind, die man nicht mit den Biophotonenfeldern vergleichen kann. Denn der Mensch ist ein sehr hochfrequentes Energiefeld, das zwar in seinen Mikrostrukturen noch nach den bereits beschriebenen Prozessen abläuft, aber hinsichtlich des menschlichen Bewusstseins selbst nicht mehr davon berührt wird. Es ist eher umgekehrt, dass z.B. eine nicht gelungene Einstrahlung von Energien in das Bewusstsein eines Menschen rückwirkend an seinen körperlichen Mikroprozessen sichtbar wird (z.B. können Störungen der natürlichen Zellschwingungsfrequenz Krankheiten auslösen). Beim Menschen[57] werden zwar auch wie beim Tier grundle-

---

[57] Bischof, Marco S. 86 „Emotionen sind nichts anderes als eine natürliche Energie, die direkten Einfluss auf den Körper und Gesundheit hat.

gende Verhaltensweisen wie Instinkte über synaptische Verbindungen unseres Unterbewusstseins „verdrahtet", die unser ganzes Leben steuern, bis wir endlich herausfinden, dass wir sie bedingt auch durch unser Oberbewusstsein „umprogrammieren" können.

So können z.B. Yogis durch Biofeedback lernen, angeborene Funktionen willentlich zu steuern. Denn im Laufe der Evolution wurden unsere erlernten Wahrnehmungen immer mächtiger, so dass sie auch genetisch programmierte Instinkte überwinden konnten, weil letztlich unser Unterbewusstsein eine *emotionslose Datengrundlage* ist, die Umweltsignale nur wahrnimmt, um lediglich programmierte Verhaltensweisen aufzurufen; es ist quasi unsere vorprogrammierte *Festplatte*, in der wir unsere Lebenserfahrungen einspeichern. Aber in diesem Prozess ist die Erkenntnis wichtig, *„dass Emotionen nicht nur durch ein Feedback der Umweltinformationen des Körpers entstehen, sondern dass der seiner selbst bewusste „Geist" auch über das „Gehirn Gefühlsmoleküle" erzeugen und das organische System damit überlagern kann".*[58] Daran kann man erkennen, dass durch die bewusste *Aufschließung psychischer Energien* (Analyse, Selbsterkenntnis) ein Organismus immer auch eine höhere Integration seines Bewusstseins erreicht, wobei Gefühle und Gedanken selbst als Schwingungsmodulatoren aktiv wirken. Experimente offenbarten, dass der menschliche Geist nicht nur im Kopf sitzt, sondern durch Signalmoleküle im ganzen Körper verteilt ist. Solche Signalmoleküle haben nicht nur eine chemische Bedeutung im Sinne eines Botenstoffes, also zur Informationsübermittlung, sondern sie wirken bereits selbst durch ihre physikalische Schwingungsqualität modulierend auf die Kohärenz des Biophotonenfeldes eines Organismus ein.

Mit anderen Worten: Neben allen genetischen Programmierungsmechanismen gehören auch alle epigenetischen Einflüsse, die über äußere Reize auf die Gen-Aktivitäten einwirken, als prägende Faktoren mit dazu. Denn alle Organismen, die in der „Hierarchie der Evolution" höher stehen, besitzen ein immer komplexeres steuerndes Nervensystem, das ihnen ermöglicht, sich durch Lernerfahrungen neben den angeborenen fundamentalen Instinkten bestimmte Verhaltensmuster anzueigenen, wobei diese erlernten Erfahrungen im Laufe der Evolution immer mächtiger wurden und sogar auch genetisch programmierte physiologische Mechanismen – z.B. Herzschlag, Blutdruck, Körpertemperatur – überwinden können. Prinzipiell handelt es sich bei diesen epigenetischen Bewusstseinsprozessen immer um „Resonanzen" zu unsichtbaren Informationsfeldern, sogenannten *morphogenetischen Feldern*, die sich die gegenwärtige Medizin bereits heute schon bei der Steuerung von Prothesen zu nutze macht.

---

[58] Bruce Lipton, a.a.O. S.130

Dieser Zugang zu „morphogenetischen Feldern" wird in Zukunft vielen Menschen wieder geöffnet werden, wobei gegenwärtig eine solche „Öffnung" aktiv über den Willen noch nicht zu erreichen ist, sondern eher im Gegenteil, einem Menschen nur im passiven Loslassen aller blockierenden „Willensimpulse und konditionierenden Prägungen" einfach widerfährt. Denn willensmäßige Impulse, die immer vom Ich zielgerichtet sind verhindern jede parapsychologische Übertragung und machen Erfolge in dieser Hinsicht zunichte; denn solche *empfangenden Öffnungen nach Innen* sind niemals determinierte oder automatische Aktivitäten, sondern setzen eine bedingungslose „Bereitschaft" voraus; und nur darüber wird es in Zukunft den Menschen möglich sein, sich auch im Wachbewusstsein in höhere Bewusstseinsdimensionen *einzuklinken*, und zwar genauso wie jetzt schon im Traum, in dem man zwar auch „Wahrnehmungen" hat, die aber nicht mit der grobstofflichen Sinneswahrnehmung zu vergleichen sind, denn im Traum ist jede Kontrollfunktion des Ich ausgeschlossen, so dass der Mensch im Gegensatz zu wachbewussten Wahrnehmungen eine absolute Einheit von Vorstellung, Handlungen und Verstehen erlebt. Und das ist auch der Fall bei einer jeden „Wunderheilung", wo morphogenetische Schwingungen ohne Willensimpulse übertragen werden und spirituell wirken. Erst wenn der Mensch das *Risiko eines Kontrollverlustes* so wie in der Meditation auch im Wachbewusstsein eingeht, werden diese „jenseitigen Portale" für das Bewusstsein geöffnet. Gegenwärtig ist allein der Ätherkörper jener „Traumkörper", in dem das Traumgeschehen den Menschen widerfährt, wodurch nur im Traum den Menschen quasi ein Einblick in die zukünftige Prinzip des Quantenbewusstseins gewährt wird, weil dieser „feinstoffliche Zustand" im Traum dem Geistursprung des Bewusstseins gleicht. Genau wie im Traum erfolgen in Zukunft über das Quantenbewusstsein alle Übertragungen wie jetzt noch unbewusst über den Ätherkörper, nur viel stärker als im Traum, denn das eigentliche Leben selbst spielt sich in diesen quasi *parapsychologischen Bildübertragungen* ab.

Darum ist es längst an der Zeit für ein interdisziplinäres Kooperationsprojekt von Natur- und Geisteswissenschaften zur Entwicklung einer modernen Evolutionstheorie, die auch eine gesellschaftliche Mitverantwortung reflektierend einbezieht. Joachim Bauer[59] vollzieht für die Biologie einen solchen Erkenntnisschritt, der dem Paradigmenwechsel der klassischen Physik zur Quantenphysik gleicht. Ohne die von Darwin erkannte Evolutionslehre in Frage zu stellen, lässt er die grobgeschnitzten Kategorien der klassischen Evolutionsbiologie hinter sich und zeigt die *biologischen Quanten* auf, die allein das biologische Geschehen auf der Ebene der Gene kennzeichnen, wodurch der Blick auf ein ge-

---

[59] Joachim Bauer / a.a.O.

netisches System frei wird, das vom jeweiligen Gesamt-Organismus nicht nur gesteuert wird, sondern über feinste Module („*Transposable Elements*" etc.), über Resonanzen auch umgebaut werden kann.[60]

Umwandlung gedanklicher Energien
in analoge Frequenzmuster organischer Manifestationen

Nachdem die Wissenschaft feststellte, dass die „Genbibliothek", die in der DNS-RNS-Doppelhelix im Zellkern gespeichert ist, nur einen kleinen Teil des *Mysteriums des Lebens* beantworten kann, kam man zwingend zur Annahme, dass Gene keine *Autisten* sind! Sie steuern nicht nur, sondern werden auch gesteuert. Und Bruce Lipton[61] entdeckte in diesem Zusammenhang, dass noch andere Faktoren für die Zellreproduktion und die damit verbundenen Körperfunktionen maßgebend beteiligt sein müssen. Denn Gene *schalten sich nicht nur an oder aus*, wenn irgend etwas im Körper gebraucht wird, sondern unterliegen hinsichtlich der Genaktivierung noch vielen weiteren Einflüssen, die Lipton als *epigenetische Faktoren* bezeichnet. Es handelt sich dabei um äußere Einflüsse und energetische Veränderungen, wobei das Entscheidende ist, dass immer die ganze Zelle an den *Umwandlungsprozessen* (Mutationen) im Körper beteiligt ist. Alle diese komplexen Vernetzungen von 50 Billionen Zellen, die wiederum in Wechselwirkung mit unseren Gedanken, Gefühlen, Handlungen und Erfahrungen stehen, führen weiterhin zur zwingenden Erkenntnis, dass jede Zelle ein eigenes *Bewusstsein* besitzen muss, das quasi in der Zellmembran angesiedelt ist und alle von außerhalb der Zelle ankommenden Botschaften in die innere *intelligente Zellfabrik* weiterleitet und wo diese umgesetzt werden, wobei die Zellen gleiche sind, die Aufnahme der Energien aber verschieden ist.

Bereits vor 100 Jahren spricht A. Bailey[62] in diesem Zusammenhang vom *Bewusstsein des Atoms*, was Teilhard de Chardin mit der *Noosssphäre* als geistiger Umhüllung jeder materiellen Form bezeichnet. Es ist das, was im übertragenem Sinne als *Ätherkörperfunktion einer Zelle* gemeint ist; denn der Ätherkörper ist der Bewusstseinsträger und Energieempfänger. Dieser Funktionsablauf erfolgt über die Membran der Zelle, die selbständig bestimmt, welche Nährstoffe und Informationen sie hineinlässt, denn in der Zelle wird die Energie verteilt und im Zellplasma fungieren weitere eigenständige Organellen wie die Mitochondrien

---

[60] Georges Lakhovsky / Biophotonen S. 161 „Alles Leben entstand aus Strahlung und wird durch diese erhalten. Jeder lebende Organismus besitzt elektromagnetische Felder worüber er senden und empfangen kann, denn jede Zelle ist ein Oszillator und Resonator" aus: Le secret de la vie.
[61] Bruce Lipton, a.a.O. „ Intelligente Zellen"
[62] Alice Bailey „Das Bewusstsein des Atoms"

als Kraftwerke der Zelle über die Ribosomen, die wiederum Enzyme herstellen und Einfluss auf die Gene für die Umsetzung und Verteilung der Energien besitzen. Insofern beeinflusst der *Geist* wesentlich das Funktionieren physischer Befindlichkeiten.

Denn ein weiterer *Kooperationsmechanismus des Bewusstseins* in den Genen ist die Entdeckung, dass Gene in der Lage sind, eine „Erinnerung" an das auszubilden, was ein physischer Organismus einmal *gelernt* hat. Dieses *Erinnern*[63] von evolutionär erlerntem Reflexverhalten wird durch genetisch festgelegte Instinkte an Nachkommen weitergegeben und so entsteht ein neues Reflexverhalten durch permanente Konditionierung. Diese neuralen Verbindungen zwischen auslösendem Reiz und Reaktion durch den Lernprozess sind sehr fest „verdrahtet" und dadurch als immer gleiche Reaktionsmuster sichergestellt, die zu fest verankerten Gewohnheiten führen. Beim Menschen wird dieses Verhalten noch durch kortikale Einflüsse ständig erweitert, denn der bewusste Mensch kann sich selbst reflektieren. Diese Fähigkeit der Selbst-Reflexion verleiht dem Menschen die Macht, alle vorprogrammierten Verhaltensweisen des Unterbewussten über seinen freien Willen beobachten, bewerten und darüber entscheiden zu können. Denn letztlich, wenn überhaupt, kann dieser Prozess nur über den Kortex verändert werden, wobei zwar über das Unterbewusstsein die im Vitalgrund ausgelösten Reize blitzschnell und im „Jetzt" wirken, das kortikale Oberbewusstsein hingegen alle Veränderungen als zukünftige Zielvorstellungen auch planen kann.

Bereits 1975 hat Fritz A. Popp[64] bewiesen, dass die alles bestimmende kortikale, übergeordnete Steuerungsfunktion des Menschen nicht allein auf hormonbiologischer oder chemischer Ebene zu finden sei, sondern dass das „*Licht unseren genetischen Code steuert und triggert*"[65]. Denn dieses ätherische Laserlicht besitzt einen hohen Ordnungsgrad (Kohärenz) und ist deshalb in der Lage selbst ordnungsbildend zu wirken und Informationen zu übertragen. Dabei ist der wichtigste Schlüssel zum biophysikalischen Verständnis des Lebens wahrscheinlich die **Kohärenz** im Zusammenhang von Energiefluss und spiritueller Ordnung. Über diesen Wechselprozess beginnt dann auch die Materie ihren eigenen Schwingungsrhythmus zu installieren, wobei sich die Teilchen als Produkte einer kohärenten Überlagerung von Wellen eines Biophotonenfeldes erweisen. Im Laufe der menschlichen Entwicklung entfaltet sich darüber im Gehirn eine Art *Spezialisierung*, die es dem gesamten Nervensystem ermög-

---

[63] Bruce Lipton a.a.O.
[64] Popp, Fritz-Albert a.a.O.
[65] Ein Triggerpunkt ist ein Auslöser einer Veränderung eines Signals oder Skriptereignisses, und zwar als virtuelle Realität.

lichte, *sich nicht nur auf seine immanent regulatorischen Signale einzuschwingen*, sondern im Laufe der Evolution über das limbische System auch einen „Mechanismus" zu entwickeln, der die chemischen Kommunikationssignale in *Empfindungen* übersetzte, die von allen Zellen der Organismen wahrgenommen werden können.

In ferner Zukunft wird es mehr und mehr dieses *Resonanzbewusstsein* sein, das nicht nur den Fluss der koordinierenden Zellsignale wahrnimmt, sondern darüber hinaus auch die Möglichkeit besitzen wird, Emotionen zu erzeugen, die sich im Nervensystem in Form kontrollierter Freisetzung von regulatorischen Signalen manifestieren. So weiß man mittlerweile schon, dass solche gedanklichen und gefühlsmäßigen Übertragungsphänomene über „Spiegelneuronen" erfolgen. Diese Nervenzellen sitzen sowohl im Prämotorischen Kortex, der für Bewegungen zuständig ist, als auch im Insularen Kortex, wo Gefühle verarbeitet werden, und ferner im Sekundären Somatosensorischen Kortex, der alle Berührungen registriert. Das heißt: Spiegelzellen sind in der Lage, die ganze Palette menschlicher Gefühle „imitierend" zu transmittieren. Diese „Spiegelneuronen" wurden 1995 entdeckt[66] und man vermutet, dass sie ein eigenes „Netzwerk" im Körper bilden. Solche „Spiegelphänomene" durchziehen die gesamte Biologie, beginnend bei der Erbsubstanz DNA mit ihrer spiegelnd angelegten Doppelstruktur bis hin zu komplexen biologischen Systemen wie dem Menschen. Biologisch angelegte Spiegelung scheint das „Gravitationsgesetz aller lebender Systeme" und der „Leitgedanke der Evolution" zu sein. Nicht *„survival of the fittest", sondern „survival of resonance"* ist dann der tiefere Sinn einer Evolution: Nicht Überleben des Stärksten oder Angepasstesten, sondern das Überleben von „Resonanzen" wird es sein, und das bedeutet: *Resonanzbewusstsein als analoge Spiegelung*, wobei es sich bei diesen Prozessen immer um „Resonanzen" zwischen *unsichtbaren Informationsfeldern* handelt. Dieser Prozess, Resonanzen immer bewusster zu empfangen und als *Erinnerungen* zu speichern, wird auch der nächste Schritt auf dem Weg der Bewusstseinsentwicklung des Menschen hin zum supramentalen Quantenbewusstsein sein.

Denn alles ist Schwingung und Resonanz, wobei die Erklärung dieser Phänomene in den „Spiegel- Nervenzellen", einer neurobiologischen Sensation liegt. Denn „Spiegelzellen" versorgen unser Gehirn sogar mit dem *intuitiven Wissen* über die Absichten von Personen, deren Handlungen wir beobachten. Sie melden uns, was Menschen in unserer Nähe fühlen, und lassen uns deren Freude

---

[66] Diese Zellen wurden von dem Italiener Giacomo Rizzolatti entdeckt. Mit den Spiegelzellen ist der Schlüssel für das Verständnis von Empathie, Sprache und darüber hinaus für die unterschiedlichen Kulturen gefunden worden.

oder Schmerz nachempfinden. „Spiegel-Nervenzellen" sind somit die Grundlage aller *emotionaler Intelligenz* und damit die neurobiologische Basis von Empathie und Sympathie. Insofern sind diese *Spiegelungsphänomene* als feinstoffliche Übertragungen im Leben von zentraler Bedeutung. Durch bildhafte Vorstellungen im Großhirn lassen sich sogar Krankheiten darüber heilen, denn unser Gehirn ist damit verschwenderisch ausgestattet und bildet die Strukturen des vorherigen „Reptilienhirns" in einer *höheren Bewusstseinsoktave* noch einmal ab, wobei diese *Sicherungskopie* als Instinkt-Speicher nur einen winzigen Teil seiner Kapazität beansprucht.

Auch der Blutkreislauf dient der Übermittlung *erinnerter Informationen.* In der Tat gibt es kaum ein Problem der menschlichen Psyche oder organischer Erkrankungen, worüber unser Blut nicht genau Bescheid weiß. Depressionen beeinflussen z.B. die Zusammensetzung des Blutes sehr deutlich, denn im Körper des depressiven Patienten sind sämtliche *Pipelines* für Stresshormone voll geöffnet, obwohl beim Betroffenen jede Motivation dafür fehlt – es ist etwa so, als zöge man beim Auto die Handbremse und gäbe gleichzeitig Vollgas. Der Blutkreislauf ist das leistungsfähigste Transportsystem im Körper. Dabei hat jedes Blutkörperchen seinen Auftrag und transportiert mithilfe von Hormonen Nährstoffe. Ununterbrochen geben die Organe *Bestellungen* auf, die das Blut in Sekundenschnelle liefert; ohne die *intelligente Logistik* des Blutes wäre kein einziges Organ überlebensfähig. Wie das Nervensystem kann auch das Blut Informationen im Körper transportieren, verarbeiten und darauf reagieren. Dabei ist der wichtigste Transport der des Sauerstoffes. Die roten Blutkörperchen sind mit Sauerstoff angefüllt, den sie über Eisenmoleküle ergreifen und an die Zellen weiterleiten. Ferner besitzt das Blut eine „Schutztruppe", die sofort bemerkt, wenn sich Eindringlinge im Blutkreislauf befinden. Es sind Neutrophile und Eosinophile, die im Blut über viele Jahre eine Art Datenbank anlegen, welche Mikroben zu den Feinden gehören und welche lebenswichtig sind. Dieser Wissensspeicher ist das Immunsystem, in dem ein weißes Blutkörperchen nur Sekunden braucht, um am Einsatzort Invasoren zu töten.

Experimente offenbaren ferner, dass der menschliche Geist nicht nur im Kopf sitzt, sondern durch *Signalmoleküle im ganzen Körper verteilt ist,* wobei diese Signalmoleküle nicht nur eine chemische Bedeutung im Sinne eines vermittelnden Botenstoffes haben, also lediglich der Informationsübermittlung dienen, sondern bereits selbst durch ihre Schwingungsqualität modulierend auf die Kohärenz des Biophotonenfeldes eines Organismus einwirken. Danach könnte auch der angemessene Einsatz des Bewusstseins einen kranken Körper wieder gesunden lassen, während eine unangemessene Kontrolle der Gefühle einen gesunden Körper krank machen kann. Gesundheit ist die Fähigkeit des Organismus, sich jederzeit zu regulieren. Auf diese Weise wird es möglich sein, einem gesamten Organismus die Empfindung zu übermitteln, die in einem Teilbereich des Organismus entstanden ist; und nur dadurch kann der Organismus als übergeordnetes Schwingungsfeld auf den Reiz im Sinne eines einheitlichen Feldes reagieren. Das bedeutet, Botschaften des Nervensystems können für die Auslösung einer Fernwirkung sorgen, sodass der Organismus angemessen auf den Reiz reagieren kann. Nicht allein Empfindungen werden in den Körper integriert, d.h. "archiviert", sondern gleichermaßen sorgen bewusste Gedankenenergien dafür, dass wiederum Gefühle integriert und in den Wirkungen der Übertragungen verstärkt werden. Dieser Austausch von Informationen ist kein Zufall, sondern eine Methode der Natur, um das Überleben der Biosphäre zu sichern.

Bewusstsein und Rotationen / Übertragungsphänomene

Kooperation bedingt Kommunikation und erfordert kohärente Energiefelder, wobei diese immer auch die Ursache attraktiver Kräfte zwischen Zellen, Organismen und Gedanken sind. In diesem Kontext schlägt B. Lipton die Brücke zur (teils spirituellen) Energie-, Geist- und Heilarbeit und beschreibt dies z.B. anhand der Initiationsriten der Schamanen (wie das Feuerlaufen), Akupunktur, Hypnosetechniken, Spontanremissionen und gibt somit Anstöße zum Umdenken bzgl. von „Ursache und Wirkung" spezifischer Krankheiten.

Im Sinne der Quantenphysik sind alle Erscheinungen bestimmte „Zustandsformen von Energie" und damit Schwingungsfelder unterschiedlicher Frequenzen. Insofern sind alle Manifestationen schwingende Systeme (Oszillatoren), die aufeinander einwirken. Energiestrahlen sind die Grundlage des Lebens schlechthin, denn jeder Körper besitzt einen empfangenden Brennpunkt für Strahlenemanationen, die beleben, anregen und die energetische „Rotation" in der Physis bewirken. Denn Rotationen sind die eigentlich bewirkenden Kräfte im Makrokosmos wie im Mikrokosmos, sowie in der Physis und im Bewusstsein eines Menschen und bestimmen dessen Gesamtlevel.

Diese Rotationsenergien lassen sich als drei Bewegungsenergien beschreiben: 1. kreisende, 2. zyklisch-spiralförmige und 3. vorwärtsstrebende. Diese Bewegungen bewirken im Kosmos Stabilität (Mineralreich), wechselseitige Beeinflussungen (Pflanzenreich und im Tierreich) und Radioaktivität (Höherpotenzierung des Bewusstseins). Es sind die drei Aspekte des *„Einen Feuers"* und treten als Schöpferisches Feuer, Erhaltendes Feuer und Zerstörendes Feuer im Kosmos in Erscheinung. Es sind: Licht, Flamme und Hitze, Elektrizität, Strahlung und Bewegung, Aktivität und Zerstörung. Denn ohne diese innere Rotationsenergie ist das negativ-empfängliche, greifbar-objektive Äußere gestaltlos. Denn allein diese inneren „Energien" oder Kraftträger erfüllen das, was unorganisiert ist, mit Energie und bewirkten dessen Kohäsion. Diese alles bewirkende *flüchtige Essenz* oder das „geistige Leben" hat in jeder *wahren Form* seinen Brennpunkt. Denn Strahlungstätigkeit ist die Wirkung, welche die innere Essenz hervorruft, die sich durch die Form hindurch bemerkbar macht, sobald die Form einen solchen Grad der Verfeinerung erreicht hat, dass dies möglich wird. Dann erst beginnt das Leben zu pulsieren; jede „Sphäre" rotiert in vielen Zyklen und erspürt infolge dieser Rotation andere Sphären, auf die sie trifft. Wenn ein Grundplan einer Form seiner Vollendung nahe kommt, wird er seinerseits *radioaktiv*, und überträgt durch Strahlung seine Essenz auf andere Monaden.

Diese energetischen feinstofflichen Emanationen werden vom Ätherkörper als *ätherischer Basis aufgefangen und in die Physis eingebaut* und wirken dann auf die *dichte Physis* ein. Bislang sind diese lebenserhaltenden Energien nicht bewusst erkannt und beachtet worden, sondern Gesundheit oder Erkrankung wurden nur hinsichtlich des real wahrnehmbaren biologisch-physiologischen Körpers in Bezug gesetzt. Letztendlich lassen sich darum alle Krankheiten auf Fehlenergien des Ätherkörpers zurückführen, die im Körper dann Störungen als Erkrankungen hervorrufen. Der Ätherkörper wird durch kosmische Strahlungen ständig neu aufgeladen, was erst das Leben überhaupt ermöglicht. Bei Krankheiten liegen Störungen in der Übertragung vor, und zwar kommen sie aus den Spannungen der Seele und des Körpers. Sie können bis zu einer Blockade der Strahlungen führen, so dass auf diese Art der Körper über längere Zeit geradezu „verhungert", denn der Körper braucht diese Energien aus dem Kosmos, um leben zu können, und das nennt ihr dann Krankheit.

Krankheiten haben immer verschiedene Ursachen und werden durch die verschiedenen „Hüllen" des Menschen bedingt (Physis, Ätherkörper und Bewusstsein). Das gesamte Universum wird von einem Fluid durchströmt, über das die Hüllen den Kontakt zur kosmischen Energie herstellen, um darüber das Leben zu ermöglichen. Diese Hüllen haben verschiedene Bedeutungen: „*Sie bringen die Schwingungen eures Körpers in Harmonie oder Disharmonie. Über sie entstehen alle Bilder, die ihr als Vorstellungen oder Phantasien bezeichnet. Darin spielt sich euer eigentliches Leben ab; denn nur von da aus sind eure Begierden und Wünsche zu verstehen. Es ist nicht der Körper, der euch verführt, sondern im Körper empfindet ihr nur eure Begierde, genau wie auch eure Krankheiten dort lokalisiert sind.*"[67] Aber krank wird der Körper erst durch falsche Begierden und Wünsche. In der Physis wird alles nur empfunden und erlebt, aber die eigentlichen Ursachen für all diese Strebungen liegen in der Seele und äußern sich über die Hüllen. Denn die Seele ist an allen Aktivitäten mitbeteiligt und

[67] Alice Bailey, a.a.O.

geht mit allen ihren Hüllen eine sehr enge Verbindung ein. Darum ist die Seele immer auch mit betroffen. Sie kann nur nicht in ihrem universalen Anteil berührt werden.

Ist bereits ein Gefühl allein schon als psychische Energie ein starker „Oszillator", so sind es Gedanken als mentale Energie in noch viel umfassenderer Weise. Diese epigenetischen Einstrahlungen des Fühlens und Denkens haben neben den ohnehin wirkenden fundamentalen genetischen Programmierungsmechanismen einen wesentlichen und prägenden Einfluss auf den Gesamtzustand eines Körpers. Denn alle Schwingungen im Universum fokussieren sich potentiell im menschlichen Bewusstsein, wobei Gedanken immer eine Integration von Schwingungsfeldern im Bewusstsein bedeuten. Genauso wie Zellen in einen umfassenderen Zellverband integriert und mittels der psychischen Energie zusammengehalten werden, so werden auch die Schwingungsfelder des Denkens unter die gemeinsame Leitung des zentralen Bewusstseins gestellt, um über feinstoffliche Transmitter im Körper analoge Entsprechungen zu installieren. Denn Vorstellungen zu integrieren, bedeutet zugleich auch geistig leben, sowie schöpferisches inneres Leben und bewusst zu lernen, mit dem Denken umzugehen. Allerdings besteht dabei immer das Risiko, dass sich auch „falsche" Denkenergien, Täuschungen oder Verblendungen in der Physis prägend niederschlagen. „Falsch" bedeutet dabei, nicht das „Ganze" zu bedenken, sondern nur den Weg des vorteilsorientierten Ego im Blick zu haben, und diese Art von „falschen Gedanken" präsentiert sich dann als Symptome von Störungen im Körper und verweisen in Form einer „Bewusstseinsgenese" auf das Ego zurück, um darüber wiederum bewusste Korrekturen einzuleiten.

Denn Gedanken-Energien beeinflussen einen kranken Körper oft deutlicher als medizinische Behandlung, denn die Macht „heilender Gedankenkräfte" ist nicht zu unterschätzen. Allerdings scheitert dieses meist an einem geradezu provozierten *„Positiven Denken"*[68], weil diese vom Kortex willentlich hochgepuschten „positiven" Gedanken vom Unterbewussten konterkariert werden; denn alle unterbewussten Einflüsse als instinktiv erlernte Verhaltensweisen sind viel stärker als willentliche Strebungen. Instinktives wird gewohnheitsgemäß durch entsprechende Reize abgerufen und funktioniert sofort mit gleichen eingeprägten Verhaltensmustern. Aus diesem Grund sind alle neurologischen *Verarbeitungskapazitäten des Unterbewussten* den kortikalen Bestrebungen immer haushoch überlegen. Man kann darum hundertmal positive Affirmationen oder Mantrams wiederholen, wenn man sich wertlos und schwach fühlt, das Unterbewusstsein wird alle diese willentlichen, „positiven" Bemühungen untergraben. *Es braucht im Leben mehr als positives Denken ... denn das Be-*

[68] Bruce Lipton, a.a.O. S. 125 / 165 ff

wusstsein kann kreativ zwar positive Gedanken erzeugen, das Unterbewusstsein ist hingegen ein Speicher instinktiver und erlernter Verhaltensweisen, die automatisch durch entsprechende Reize abgerufen werden.

Denn bevor sich beim Menschen in der Frühzeit ein höheres bewusst-kortikales Denken entwickelte, funktionierten die „Gehirne" der Tiere und Frühmenschen nur durch das, was man begrifflich mit „Instinkt oder Unterbewusstsein" verbindet. Erst durch das Erwachen eines Selbstbewusstseins entstanden im Menschen die zwei Arten unseres Bewusstseins: 1. Unterbewusstes als der „Autopilot" wie beim Tier und 2. kortikales Oberbewusstsein oder Selbstbewusstsein, das als bewusstes Denken über die Möglichkeit verfügt, auf Umwelteinflüsse nicht nur spontan sondern über Selbstreflexion auch kreativ reagieren zu können. Diese beiden Denkarten sind ein phänomenales Gespann, wobei das bewusste Denken, die „Stimme" unserer eigenen Gedanken ist, die jedoch nicht immer den fundamentalen „Angeboten" des Unterbewussten entspricht, sodass es zwischen beiden Denkarten oft zu Spannungen kommt. Ursache dafür ist das Faktum, dass das größte Hindernis für die Erfüllung unserer Pläne und Wünsche zwar im Unterbewusstsein fest verankert ist, aber programmierten kortikalen Selbstbeschränkungen unterliegt.

Diese immanente Diskrepanz ist auch die Grundursache für alle „Verblendungen" im Leben und damit zugleich Ursprung und *Überträger falscher mentaler Frequenzmuster* auf den Körper, die so zum Auslöser für die meisten Störungen und Erkrankungen werden. Auf diese Weise werden nicht allein Empfindungen im Körper über Gefühle stimuliert und "archiviert", sondern gleichermaßen sorgen auch solche Gedankenenergien für ständige Übertragungen von störenden Frequenzmustern. Daraus ergibt sich, dass das Fühlen und Denken eines Menschen einen wesentlichen Einfluss auf seinen gesundheitlichen Zustand haben. Die Art des Denkens bestimmt einen Menschen und macht ihn zur individuellen und autonomen Persönlichkeit, was ihn aber auch als Ego von der Einheit mit seiner Seele trennt. Fassen wir das Leben als eine Bewusstseinswerdung auf, so hindert paradoxerweise das analytische und reflektorische Denken und der Eigenwille alle Bestrebungen zu einer solchen Einheit. Darum wird im Yoga gelehrt, zunächst die Eigenregung der Denksubstanz zu beherrschen, um den Menschen aus seinem Ja-Nein Dualismus zu befreien und wieder in die „heilende Einheit" zurückzuführen.

Es wird in der Zukunft die Aufgabe der gesamten Menschheit sein, mit einer „neuen Bewusstheit" gedanklich umzugehen; zwar hat die Menschheit in den zivilisierten Ländern in ihrer Bewusstseinsentwicklung im supramentalen Denken den bisher höchstmöglichen Bewusstseinslevel erreicht, aber auch in dieser Entwicklung im Denken der letzten zwei tausend Jahre eine nicht mehr zu überbietende „Bewusstseinsspaltung" zwischen Realität und Verblendung erzeugt, die in Zukunft über das „Quantenbewusstsein" wieder aufzulösen sein wird. Denn diese Verblendungen sind der hohe Preis dafür, dass der Mensch ein denkendes Wesen geworden ist, daher aber auch Gefahr läuft, sich im Denken selbst zu „versteigen". Die *Unschuld der Frühe ist verloren* und der Erwachsene muss versuchen, die sich ihm darbietenden getrennten Polaritäten zu überwinden und wieder zur Einheit zurückzuführen. In diesem Zusammenhang vermerkt Dethlefsen zurecht[69]: *„Krankheit zwingt den Menschen, den Weg zur Einheit hin nicht zu verlassen – deshalb ist Krankheit ein Weg zur Vollkommenheit.* Krankheit als permanente notwendige Krise zwingt den Menschen zu erkennen, dass seine „momentane" Stabilität und Identität durch neue Herausforderungen ständig in Frage gestellt wird und er gezwungen ist, nach einem neuen Ziel zu suchen."

Vom Wesen der Verblendung

Krankheit und Verblendung

Das Wort *„Verblendung"* ist die Bezeichnung für alle Täuschungen, Illusionen, Missverständnisse und Missdeutungen, denen ein Mensch auf jedem Schritt und Tritt seines Weges so lange ausgesetzt ist, bis er in der „polaren äußeren Welt" wieder zur „inneren Einheit" gelangt, die das Geheimnis des Freiwerdens von Illusionen sowie die „Gesundung" von allen Verblendungen in sich birgt. Das Ich als Integral der menschlichen Persönlichkeit ist diesem Prinzip der Polarität in der Welt ausgeliefert und verhaftet und neigt im Leben dazu, die beiden *Hälften unseres Seins* aufzuspalten. Daraus resultiert eine permanente Lebensangst und alle Störungen, Irritationen und Krankheiten im Leben repräsentieren diese polare Getrenntheit wobei „Heilung" immer Überwindung der äußeren und innere Polarität ist. Im besonderen Maße machen Krankheiten dieses Problem nicht nur sichtbar, sondern gleichen auch jeden Schritt, den ein Mensch aus der Hybris seines Egos tut, durch einen Schritt in die Demut oder Hilflosigkeit des Krankseins wieder aus.

[69] Dethlefsen, a.a.O. S. 127

In diesem Zusammenhang bezeichnet Hildegard von Bingen[70] Täuschungen – sich selbst und anderen gegenüber – kurz als Lügen. Sie sind das größte Hindernis auf dem inneren Weg und entstehen durch „falsches Frage-Stellen". Diese Art des „Fragestellens" ist reine Verblendung, denn es handelt sich dabei um Fragen, auf die man sich selbst die Antworten bereits gibt oder eigentlich gar keine wirklichen Antworten haben will. Dieses falsche Fragen kommt aus der Verwechselung von horizontaler Realität und vertikaler Irrealität. Ursache dafür ist ein verdeckter Zweifel, der den Menschen verführt, ewige Wahrheiten in Frage zu stellen und somit die Existenz der fundamentalen Wirklichkeiten zu bezweifeln und die Lösung eigener Probleme im Flüchtigen und Vergänglichen, also allein im sinnlich Wahrnehmbaren zu suchen. Der Zweifler ist ein Mensch, der nicht wahrhaben will, dass er selbst verantwortlicher Gestalter seines Schicksals ist und meint vielmehr, die Verantwortung für alle Probleme nicht in den Ursachen, sondern außerhalb seiner selbst suchen zu können. Zweifel an sich und an den Ursachen ist aber zugleich auch Zweifel an Gott als erster Ursache. Das beweisen die vielen religiösen Streitfragen, die sich zwar nie um den gemeinsamen Kern aller Religionen drehen, sondern immer nur um deren weltliche Manifestationen als konfessionelle Institutionen. Dieser täuschende Selbstzweifel führte auch in der Philosophie letztendlich so weit, selbst das Denken zu bezweifeln. Doch wenn man anfängt, selbst die Fähigkeit des Denkens in Frage zu stellen, sind damit praktisch alle Hilfsquellen für eine Erkenntnis der Wahrheit erschöpft. Ignatius schreibt, dass „die Verblendung eine Schädigung des Menschen durch die Lüge sei, denn alle Arten von Verblendung entspringen einem verkehrten Anwenden des Verstandes. Verblendung nährt allein Selbstgefälligkeit und geistigen Hochmut."[71]

Alle metaphysischen Systeme und Religionen lehren darum, dass der einzige Weg aus der „Getrenntheit" zurück in die Einheit nur über das *Verlassen oder Überwinden* der äußeren Welt geht und niemals über eine materiell-kommunistische Utopie einer „Weltverbesserung" zu erreichen ist. Denn „*die erhoffte Änderung der Welt und der Menschen wird keinesfalls durch Weltverbesserungsversuche erreicht. Es ist vielmehr so, dass die Weltverbesserer sich in ihrem „scheinbaren Kampf" für eine, wie sie meinen, bessere Welt, vor der Aufgabe drücken, sich selbst bessern zu müssen. Sie betreiben das übliche Spiel, von anderen zu fordern, was zu leisten sie selber zu bequem oder unfähig sind; aber ihre Scheinerfolge, die sie erzielen, entlasten sie nicht davon, Verrat, nicht nur an der Welt, sondern auch an sich selbst begangen zu haben.*"[72] Leider erliegen die Menschen noch immer der Illusion, dass durch ihre Aktivitäten die Welt verändert und verbessert würde, aber Evolution lässt im Prinzip nichts Neues

---

[70] Hildegard von Bingen, aus „Scivias"
[71] Ignatius von Loyola „Von der Verblendung des Verstandes"
[72] J. Gebser, „Verfall und Teilhabe"

entstehen, sondern lediglich das zeitlos Seiende schrittweise „neu" bewusst werden. Durch die Zeit wandeln sich zwar die Formen, doch der Inhalt bleibt der gleiche; weil das Komplementärgesetz dafür sorgt, dass sich alle äußeren Veränderungen zur *Unveränderlichkeit* addieren, wofür gerade die Medizin ein gutes Beispiel ist: Indem die Medizin der Gegenwart zwar immer mehr für die Gesundheit tut, aber im Gegenzug alle Krankheiten im gleichen Maße wachsen.

Seit jeher gab es aber auch immer einen aus der Seele kommenden Rhythmus, der von jenen erfahren und gelebt wurde, die sich von der Vorherrschaft materieller Forderungen, von der Knechtschaft weltlicher Versuchungen freigemacht haben. Heute ist dieser höhere Rhythmus zwar von der niederen rhythmischen Verblendung fast völlig überdeckt, aber jene Seelen, die bereits im Licht der Befreiung stehen und auch jene, die aus den Nebeln materieller Bindungen aufwärts streben, werden heute zahlenmäßig immer stärker, um an der Zerstreuung dieser Verblendung zu arbeiten. Der Einfluss ihrer Gedanken, ihrer Worte und ihres Lebens kann und wird eine Umwandlung aller Werte zuwege bringen. Darunter sind aber nicht jene feigen „Friedenspfeifen" und Globalisierungsgegner zu verstehen, die sich lediglich unerkannt hinter Lichterketten und platten Spruchbändern verstecken.

Die unterschiedlichen Arten von Verblendungen lassen sich den drei Seinsebenen „Vitalgrund, Endothymos und Kortex" zuordnen. In diesem Zusammenhang ist auch die Typenlehre des *Enneagramms*[73] sehr hilfreich, weil darin auch die unterschiedlichen Verhaltensformen der 9 Typen auf drei Seinsschichten im Gehirn zurückgeführt werden, die mit den Seinsschichten von Lersch deckungsgleich zu verstehen sind: der Bauchtyp zum Vitalgrund, der Herztyp zum endothymen Grund und der Hirntyp zum Kortex. Die vergleichenden Hirnschichten wären *das Reptilienhirn (Hirnanhang), das limbische System und das Großhirn (Hirnrinde)*. In der Tat besteht unser Hirn aus drei Schichten:, die man in der Reihenfolge ihres entwicklungsgeschichtlichen Erscheinens wie folgt unterscheiden kann: *das Reptilienhirn, das limbische System* (der frühen Säugetiere) *und das Großhirn* (der jungen Säugetiere) – wobei allerdings das „menschliche Reptilienhirn" dem Gehirn eines wirklichen Reptils weit überlegen ist.

Diesen drei Gehirnaspekten lassen sich grob zuordnen:
„Instinkt/Handeln" = Reptilienhirn,
„Fühlen" = limbisches System und
„Denken" = Kortex

[73] siehe Anhang Richard Rohr „das Enneagramm"

Unsere Persönlichkeit setzt sich natürlich aus einer untrennbaren Kooperation dieser 3 Strukturen zusammen, wobei jeder Mensch wiederum von einem bestimmten Teil seines *Gehirns* dominiert wird und diesem *ein größeres Vertrauen entgegenbringt* als den anderen Aspekten.

Drei Bewusstseinsebenen als Herkunft für Verblendungen

I. Seinsebene
(Reptiliengehirn / Vitalgrund / „Bauchtyp")

Für die erste Bewusstseinsebene des Vitalgrundes stehen im Enneagramm die „Bauchtypen", die noch von *„keines Gedankens Blässe angekränkelt sind"* und eine Art Urvertrauen zu urtümlichen Empfindungen besitzen. Es ist ein Entwicklungsstand, in dem es noch keine echten „Verblendungen" gibt, allerdings gäbe es in der Tat allein nur das dafür zuständige Reptilienhirn, würden solche Menschen ohne Emotionen und Vernunft lediglich ihre primären Bedürfnisse sichern: Nahrung, Schutz, Territorium und Sexualität. Ein Mensch auf dieser Bewusstseinsebene entscheidet auf Grund reiner Sinneswahrnehmungen blitzartig über alle „lebensnotwendigen" Reaktionen: Angriff oder Flucht! Es sind die Entscheidungen „aus dem Bauch heraus". Dieses Kern- oder Reptilienhirn besitzt noch etwas besonders Gewisses, denn im Vergleich zu den anderen beiden Hirnstrukturen braucht es nur wenig „Speicher", weil alle Reaktionen quasi instinktiv „fest verschaltet" sind und nicht erlernt oder hinterfragt werden müssen. Darum laufen diese Bewusstseinsprozesse sehr schnell ab. So veranlagte Menschen beziehen ihre Stärke und Direktheit aus der Urgewalt dieser instinktiven Quelle sowie ihre physische Beharrlichkeit und Zufriedenheit, bzw. eine faszinierende, selbstsichere Unbedingtheit und Klarheit, denn bei den Bauchtypen geht es immer *„um Leben und Tod – Vitalität"*, Es sind die drei Willensbekundungen von aktivem, passivem und reaktivem Willen. Das **Beziehungsmuster** der Bauchtypen ist das *Duell*: Wer hat das Sagen? Achtest du mich? Begehrst du mich? Ein Bauchtyp empfindet sich dann ganz beim anderen, wenn er sich mit ihm auseinandersetzen kann.

In dieser ersten Bewusstseinsebene handelt es sich noch nicht um eigentliche Verblendungen. Die eigentlichen Verblendungen beginnen erst mit der Bewusstwerdung der polaren Gegensätze auf der zweiten Seinsebene, also mit der bewussten Abgrenzung eines *Ich* von seiner Umwelt. Es handelt sich dabei um die permanente Auseinandersetzung mit den Anforderungen der Welt und den eigenen Bedürfnissen des Wünschens und Wollens. Auf der ersten Seinsebene sind diese die grundlegende und tragende Basis für alle späteren daraus folgenden Illusionen, werden jedoch vorerst direkt angegangen, weil dieses „Kampfgebiet" im Leben eines jeden Menschen zuerst alle Aspekte seiner eignen Natur umfasst. Der ganze Mensch wird davon in Anspruch genommen. Es bedarf ohnehin großer Anstrengungen, um sich von den *Krafteinflüssen der physischen Ebene* freizumachen, aber es ist noch viel schwieriger, auf der zweiten Bewusstseinsebene den Versuchungen der Welt der Maya zu widerstehen, weil sich diese primär auf die eignen Kräfte beziehen, mit denen sich ein Mensch identifiziert. Sie rufen im Menschen Reaktionen oder Wirkungen hervor, die entweder wünschenswert oder vernichtend sind. Auf jeden Fall sind diese Energien schwerer zu kontrollieren und zu disziplinieren. Es sind jene unkontrollierten ziellosen Impulse und Triebe, die von der in der Natur selbst schlummernden Kraft herrühren. Sie reißen einen Menschen zu unerwünschter Betätigung mit sich fort und umgeben ihn mit einem Strudel von Emotionen und Zuständen, gegen die er meist hilflos ist. Er ist dann das Opfer jener Kräfte, die bisher in seiner animalischen Natur verborgen waren und jetzt ihm voll bewusst werden.

2. Seinsebene

Das Problem der 2. Bewusstseinsebene liegt im Erkennen der Dualität und den damit verbundenen und impliziten Verblendungen, die den Menschen erhebliche Schwierigkeiten machen, weil auch die gegenwärtig zivilisierte Menschheit immer noch sehr wenig von der wahren Wirklichkeit weiß, *die hinter der sie umgebenden spirituellen Hülle wirkt und west,*[74] und was die echte Erkenntnis so schwierig und am Beginn des Lebens nahezu unmöglich macht – *„denn sie wissen nicht, was sie tun!"*[75] Dieser quasi „Umsturz" durch das Erwachen eines reflektierenden Bewusstseins ist ursächlich für die meisten psychischen Störungen und Erkrankungen verantwortlich. Denn auf dieser zweiten Ebene sind alle familiären Gefühlsbindungen und der Gesellschaft beheimatet. Ferner ist auf dieser Bewusstseinsebene Raum für eine sich verändernde Ästhetik, die von jedem Individuum aufs Neue erlernt werden muss und Anlass für große Verblendungen darstellt. Das limbische System enthält aber genügend „Speicherplatz" für eine solche ausgiebige Erziehung. Denn diese zweite Bewusstseinsebene wird mit den „Herztypen" und dem limbischen System in Verbindung gebracht.

Das ursprüngliche Gehirn (limbisches System) schmiegt sich wie eine Umrandung (lat. *limbus*) um das Kernhirn und *übersetzt* dessen direkte Instinktreaktionen in flexible, „intelligentere" Verhaltensweisen. Lipton bezeichnet Emoti-

[74] Alice Bailey, a.a.O.
[75] Evangelium

onen sogar als *„Sprache der Zellen"*, weil über das limbische System chemische Kommunikationssignale in Empfindungen übersetzt und von allen Zellen im Organismus *wahrgenommen* werden, die ein Mensch als Signale von Gefühlen erfährt.[76] An die Stelle simpler Schwarz-Weiß-Muster treten komplexe Schattierungen verschiedener Gefühle, ein riesiges Potenzial verflochtener Polaritäten von gut und schlecht, Liebe und Hass, Freude und Trauer, Ärger und Glück, was man in der Umgangssprache z.B. auch als „gemischte Gefühle" bezeichnet. Das sind Gefühle und Strebungen, die nach verschiedenen Richtungen divergieren und sich als ein Oszillieren, ein Hin und Her zwischen heterogenen Antriebsgestalten vollziehen. Sie stellen also nicht eine tatsächliche „Vermischung" dar, sondern signalisieren viel mehr das Moment der Uneinheitlichkeit, der Zwiespältigkeit, was man als Ambivalenz der Gefühle bezeichnet, und lösen Verhaltensintentionen aus, die einander entgegengerichtet sind. Dabei erhebt sich die Frage, ob die mit diesen ambivalenten Gefühlsregungen verbundenen entgegengesetzten Antriebsgestalten gleichzeitig oder in schnellem Wechsel nacheinander (in einer Art „Umkippens") erlebt werden.

Wenn diese entgegengesetzten Antriebsgestalten durch einander widersprechende Gedanken (d.h. über ein kortikales Geschehen) ausgelöst werden – wie beispielsweise in der Situation des Zweifelns – liegt es nahe, den raschen Wechsel miteinander im Streit liegender Gedanken, die in haderndem Für und Wider einander ablösen, als Ursache für in schneller Folge nacheinander auftretende Antriebsgestalten anzunehmen (das klassische *„Wechselbad der Gefühle"*). Die Ursache für das Wechselbad der Gefühle liegt im Gehirn. Dort gaukeln uns spezielle Zellen – so genannte Spiegelneuronen – vor, ein solches Gefühlsszenarium tatsächlich zu erleben, so als würde man es selbst ausführen.; denn Spiegelneuronen werden nicht nur aktiv, wenn wir selbst jemand in den Arm nehmen, sondern auch, wenn wir das nur denken. Sie werden also zugleich auch von einem reflektierten gedanklichen Geschehen mitbestimmt, welches auf die Antriebsgestalten selbst wieder zurückwirkt, was auf die Dauer zwangsläufig zu erheblichen Spannungen und anhaltenden Störungen im Körper führen muss. Die Möglichkeit einer gleichzeitigen Überlagerung gegensätzlicher Antriebsgestalten bleibt jedoch immer für den Fall anzunehmen, dass durch verschiedene Stimuli ausgelöste, mehr zuständliche (in quasi gedehnter Gegenwart) erlebte gegensätzliche Antriebsgestalten einander überlagern, d.h. diffus miteinander koexistieren, was dann sogenannte *„echte gemischte Gefühle"* wären, die eigentlich gar nicht vermischt sind, sondern lediglich diffuse Überlagerungen wären Diese haben immer stark blockierende Auswirkungen auf ein entscheidendes Handeln und führen im Körper zu Verspannungen und „Verstopfungen" im Energiefluss aller organischer Systeme.

[76] Lipton, a.a.O. S.130

So „färben" z.B. unbeherrschte Antriebsgestalten über schlecht gelenkte Gefühlsregungen Denken und Handeln eines Menschen ein und führen zu falschen Entscheidungen. Denn Antriebsgestalten führen über Gefühlsregungen zu individuellen Bewusstseins-Einstellungen und Handlungsabläufen, über deren Bedeutsamkeit der Mensch dann in allen seinen Wertungen und Einstellungen entscheidet. So entstehen letztendlich doch allein über das Bewusstsein bestimmte, gleichsam immer wiederkehrende und „bevorzugte" Energie-Frequenzmuster, die über psychische Verhaltensweisen wie Stress, Blockaden, Hemmungen, Aggressionen, Lähmungen oder Erstarrungen auf korrespondierende Organe im Organismus zurückwirken und dort Spuren hinterlassen. So veranschaulicht z.B. die Symptomatik eines Magengeschwürs beispielhaft, wie ein vom Kortex ausgelöstes gedankliches Geschehen über dadurch ausgelöste psychische Reizzustände zu einer chronischen Erkrankung im Körper führen kann. Der „über den Kopf" bewusst gewordene und erkannte Ärger wirkt dabei als „saure Verstimmtheit" im Gefühlskörper und in analoger tatsächlicher Übersäuerung bis auf den Magen zurück. Ursächlich ist es eine mentale Verspanntheit im Kopf, von der aus ein psychischer Vorgang über das im Bewusstsein intendierte Frequenzmuster im Körper symptomatisch fokussiert wird.

Auf diese Weise schlagen sich alle aktualisierten Antriebserlebnisse quasi über Frequenzmuster des Denkens und Handelns nach Maßgabe des jeweils für ein Organ empfangsbereiten und zuständigen Chakra im Körper positiv oder negativ nieder. Denn bereits in den Antriebsgestalten aller konvergierenden Gefühlsregungen liegt die „Wurzel" für alle „Anfälligkeiten" in den psychischen Bereitschaften des Soma, weil diese bereits im Temperament vorprogrammiert sind. Antriebsgestalten sind beim Menschen immer bereits „Ergebnisse" bestimmter seelisch-gedanklicher Einstellungen, die einen gewaltigen Einfluss auf den Organismus haben, wobei man verstehen kann, dass *falsche Gefühlsreaktionen"* und ein dadurch allgemein gestörter Zustand des endothymen Grundes mächtige Faktoren sind, um Beschwerden und Krankheiten zu verursachen. Denn jede Aufregung, die Aktivitäten auslöst, die den Ätherkörper unter dem Einfluss des eigenen Temperaments beherrschen, sowie jeder quälende Kummer oder lang andauernde Ärger ergießt einen Strom emotionaler Energien über das Solarplexus-Zentrum in den Körper und bringt diesen in einen Zustand außerordentlicher Verspannung und Unruhe. Davon sind zunächst der Magen, die Bauchspeicheldrüse (Pankreas), der Gallengang und die Blase betroffen. Nur wenige solcher Menschen sind frei von Verdauungsstörungen, von unangenehmen Magenzuständen oder von damit zusammenhängenden Beschwerden. Dabei bestimmt die *„Rotationsgeschwindigkeit der Chakren"* (die eine spirituelle Aktualität und Größe ist) immer das Potential und den Level für den Empfang möglicher Einstrahlungen, während der Bezug zu diesem Potential allein über den Verlauf und die Intensität der körperlichen Befindlichkeiten entscheidet und dem Menschen seinen bewussten Zugang zu diesen Wechselwirkungen ermöglicht.

Die Verblendungsanfälligkeiten liegen bei den „Herztypen" besonders in allen äußeren sozialen Funktionen, die sich über das innere limbische System bemerkbar machen, weil diese von den „Herztypen" am intensivsten wahrgenommen werden. Das limbische System ist das Bindeglied zwischen den niederen und den höchsten Funktionen unseres Gehirns, über das der „Herztypus" sich stark angesprochen fühlt und dementsprechend sich als besonders „lebensnah und sozial zugewandt" empfindet, auf jeden Fall verglichen mit den eher „unsozialen" Einzelkämpfern des „Bauchtypus" und den eher „abgehobenen" Singles aus der Kopfzone. Bei den Herztypen geht es immer um *„Liebe und Leid"* und das Grundthema lautet „Was fühle ich?" Diese Frage wird vor allem an die Außenwelt gestellt, wobei Stimmungen anderer gern übernommen werden. Diese so „hingebungsvollen Typen" sind Menschen, meist Frauen, die sich für die Bedürfnisse anderer einsetzen und dabei leicht der Verblendung eines Helfersyndroms erliegen. Sie sind gefallsüchtig und brauchen übertrieben viel Bestätigung, denn hinter diesem ständigen Helfenwollens steckt als das wahre Motiv, sich auf diese Weise selbst auszuweichen, indem man von allen „gebraucht" wird. Im Grunde genommen lieben sie sich nur selbst, und ihr scheinbarer Altruismus ist die „legitime" Form, den eignen Egoismus auszuleben. Denn wer helfen kann, hat auch Macht. Hinter diesem vorgegebenen so gefühlvollen und scheinbar alles *umfassenden Verstehens* versteckt sich ein Machtbewusstsein, das letztlich jegliches echte und liebevolle Handeln zunichte macht.

„Herztypen" verfallen darum leicht allen Verblendungen durch Gefühle der Liebebedürftigkeit, gemütvoller guter Absichten, die jedoch letztendlich nur zu einem sehr selbstsüchtigen Verantwortungsgefühl führen. Denn jede gefühlsbestimmte Verblendung verzerrt den klaren Blick und hindert den Menschen daran, jemals die Realität in ihrer wirklichen Gestalt zu sehen und ihrem wahren Wesen nach zu erkennen. In diesem Zusammenhang sollte auch das Wort „Zuneigung" auf seine wahre Bedeutung hin untersucht werden. Zuneigung ist keine Liebe. Auch Nächstenliebe ist oft nur der Wunsch, den wir durch den Einsatz unseres emotionalen Engagements ausdrücken, um in Wahrheit unser schlechtes Gewissen hinter altruistischem Getue zu verstecken. Gerade dieses Bestreben beeinflusst alle Beziehungen und vor allem die weltweiten Aktionen falschen Mitgefühls, vorgetäuschter Barmherzigkeit und anonymer Spendenhilfe. Das alles hat nichts mit der spontanen Wunschlosigkeit der Seele, die nichts für sich beansprucht, zu tun. Denn leider hält diese Art der Verblendung der Gefühle auch alle „guten Menschen" dieser Welt gefangen, verwirrt sie und legt ihnen Verpflichtungen auf, die gar nicht existieren und nur der Verblendung ihrer falschen Hingabe Vorschub leisten. Diese falsche psychische Einstellung schlägt sich z.B. in lymphatischen Erkrankungen nieder wie Blutkrebs / Lymphogranulomatose.

Denn die „Wurzelsünde" so veranlagter Menschen ist der Stolz, und zwar der Stolz als Ausdruck eines aufgeblasenen Selbstes. Dieser Stolz ist es auch, der diesem Typ eine wahre Gottesbeziehung fast unmöglich macht, weil sie „Gott" eigentlich nicht brauchen, sondern viel eher der Meinung sind, dass allein Gott sie auf Erden brauche. Die Verblendung dabei ist, dass sie sich in ihrem aufgeblähten Selbstgefühl als unentbehrliche Erhalter und Helfer des Lebens fühlen und darum auch von allen anderen – einschließlich Gott – Dankbarkeit erwarten. Aus diesem Bedürfnis heraus verleugnen sie sich zwar oft selbst, aber nur um anderen zu gefallen. Darum ist ihre unwahre „Herzensgüte" und oft so aufdringliche Gefälligkeit die stärkste Verblendung für sie selbst und für andere. Es ist die zwanghafte Vorstellung, gebraucht zu werden und unentbehrlich zu sein, was aber in Wirklichkeit nur der Ausdruck von Machtokkupationen ist. Darum sind auch die Tränen der „Herzenstypen" immer nur Tränen des Selbstmitleides und niemals Tränen der Selbsterkenntnis. Es ist die Form der sentimentalen Verblendung der Hingabe und eine Überwältigung durch die eigenen Gefühle, denn allein maßgebend sind für diesen Typus nur die eigenen Gefühle und darum mangelt es an nüchterner, realistischer Objektivität im Leben.

Dies erschwert die Unterscheidungsgabe, jene mittelalterliche Aufforderung der „discretio" zwischen horizontalem, realen Geschehen und vertikalen, gefühlhaften Verstehen zu unterscheiden; denn gefühlsmäßig so hingebungsvolle Menschen drehen sich in ihrer Wunschwelt immer nur im Kreise: Man gibt sich einer Sache, einem Guru, einer Glaubensrichtung, einer Pflicht oder einer Verantwortung hin. Solche scheinbar idealistischen Strebungen, von denen man sein eigenes „Gutsein" ableitet, werden mit der Zeit geradezu schädlich, weil über diese Verblendung einer nur an Idolen anhangenden Hingabe die anderen Menschen mit in die Schwingungen der gesamten Weltverblendung hinein gesogen werden: Beten für die Welt als bequeme „Fernstenliebe", Lichterketten zur Selbstbeweihräucherung, Friedensdemonstrationen als Bestätigung für den eignen guten Willen und halbherziges Spenden als Betäuben und billiges sich Freikaufen vom schlechten Gewissen, wenn starkes Wünschen nach mitmenschlicher Hingabe die umfassendere geistige Schau im Leben auslöscht und den Menschen auf seinen winzigen Wunschbereich einengt, innerhalb dessen er sein Bedürfnis nach Hingabe befriedigt. So verliert sich der Mensch im Hochgefühl seiner Verblendung und Wünsche.

Erfolgt kein Überdenken oder Gegensteuern durch Vernunft und Verstand projizieren sich jene *Frequenzmuster unerfüllten Wünschens* als störende Impulse zurück in den Körper, wobei es auf dieser gefühlsmäßigen Bewusstseinsebene nicht mehr um den bloßen Empfang von Energien wie in der primären Ebene geht, sondern viel mehr um die belebende Weiterverteilung der Energien an die Organe im Körper. Denn psychische Energien sind *oszillierende Felder auf feinstofflicher Ebene*, d.h. höherfrequente Felder als die des grobstofflichen Körpers und dessen biophotonen Energiefelder, auf die sie aber Einfluss nehmen und gravierende Störungen hervorrufen können. Sie stellen dabei die Reaktionsmuster auf Empfindungen des grobstofflichen Leibes dar und bilden auch *Erinnerungen* an Empfindungen, Erfahrungen und die Ergebnisse früherer Reizbeantwortung ab, wobei jede Empfindung von einem Gefühl umhüllt ist und ein darin Herumsuhlen ermöglicht. Gefühlsschwelgereien ergießen sich ferner auch in von Sehnsucht getragenen Träumen. Solche Menschen leben in esoterisch, exzentrischen, extravaganten oder exotischen Illusionen dahin, weil sie die reale Wirklichkeit schwer ertragen können.

Verstrickt in ihren Illusionen wollen so veranlagte Menschen immer etwas besonderes sein und beneiden alle, von denen sie meinen, dass sie glücklicher seien als sie selbst. Sie sind verliebt in die Schwermut ihrer Melancholie, jener „süßen Traurigkeit", die wie ein Nebel über ihrem ganzen Leben liegt. Unangepasst an das reale Leben bemühen sie sich zwar verzweifelt um Echtheit, sind aber ständig gezwungen, andere Menschen zu täuschen und sich durchs Leben zu mogeln. Ihre schillernden Gedanken und Vorstellungen laden geradezu ein, eigne Träume in das Leben hineinzuprojizieren, und die daraus folgende verblendende Unklarheit zieht nebulöse Bedürfnisse und Wünsche anderer magnetisch an. In diesem Verhalten ist auch die Wurzel für alle Suchterkrankungen zu suchen. Diese „Nebel" der Verblendung, welcher die Menschheit quasi umhüllen, muss man als einen Zustand von greifbarer Wirklichkeit erkennen und dementsprechend auch so behandeln. Denn es geht dabei nicht nur um das Überwinden und Durchschauen der von der Welt vorgegebenen Situationen und Gestalten, sondern um eine wirkliche *Transparenz* einer materiell-verhaftenden und allumfassenden Substanz, die sich in körperlichen Symptomen bemerkbar macht und die durch jahrelange Misseinstellungen zu chronischen Erkrankungen führt. Dieser emotionale Gefühlsbereich erzeugt im Leben die stärksten Weltverblendungen der Menschheit, weil die Menschen zwischen eigenen subjektiv bedingten Verblendungen und den allgemeinen Weltverblendungen, die sie beeinflussen und überschwemmen, nur schwer unterscheiden können.

So wie der Wechsel von Schlafen und Wachen täglich erfolgt, so wechseln bei gefühlsbetonten Menschen Freude und Seligkeit mit Trübsinn und Niedergeschlagenheit. Diese wechselnden Zustände gehören zum Krankheitsbild von Manisch-Depressiven und halten immer nur solange an, wie das jeweilige Gefühl tonangebend bleibt. Es schwankt zwischen mächtiger Freudigkeit, während der Mensch sich mit dem Gegenstand seiner Hingabe oder seines Strebens zu identifizieren sucht, und schwärzester Verzweiflung bei einem Gefühl des Unvermögens, indem alles im Leben misslingt. *„Himmelhoch jauchzend, zu Tode betrübt".* All das sind jedoch nur reine Sinnesempfindungen, die selbst mit der Seele nichts zu tun haben. Die meisten Menschen bleiben lebenslang im Gefängnis dieser Sinnesverblendung stecken, die sich bis zur Irrlehre vom Getrenntsein von Gott und der Welt alterieren kann, sobald sich ein Mensch mit dieser Trennungs-Verblendung identifiziert und darüber in tiefste Depressionen versinkt. Der Schlüssel dafür liegt im Gedanken verborgen, dass diese Verblendung das Schöpfungsgeheimnisses selbst verhüllt, weil Gott selbst die Gegensatzpaare – Geist und Materie – hervorrief. Gott schuf aber zugleich auch den Erlösungsaspekt im erkennenden Bewusstsein der Seele, denn wahre Heilung erfolgt immer nur darüber.

Deshalb bedeutet die Kontrolle und Beherrschung solcher psychischer Energien auch *Krankheitsprophylaxe*, weil Energien immer nach einem Ventil, einem Ausgleich oder einer Neutralisierung verlangen. Andernfalls drohen sie den Organismus vielfältig zu schädigen, und zwar vergleichbar mit einer Art *„Überschwemmung oder Selbstvergiftung".* Diese Kräfte aufgestauter seelischer Verspanntheiten" entladen sich dann völlig unkontrolliert in der Physis und zeitigen oft schwer zu diagnostizierende Symptome. In der Psychiatrie bezeichnet man solche Prozesse als *„Überschwemmungen aus dem Unbewussten",* was sich in der Folge als Nervenüberreizungen über den gesamten Körper in Allergien, Pusteln, Flechten und Juckreiz wahrnehmbar erstreckt. Verblendungen auf dieser Ebene führen auch zu „Täuschungen" über den eigenen Körper und schlagen sich in Gefühlsaufwallungen, Fettleibigkeit und Verdauungsstörungen nieder. Denn solche Störungen durch psychische Energien betreffen immer die Verteilung bereits empfangener Energien im Körper und können von zweierlei Art sein:

1. Beschwerden aufgrund von Stauungen im Blut (Hochdruck) Verstopfung der Venen, Pfropfenbildung im limbischen System, Quaddeln, Kreislaufstörungen, Darmreizungen oder Verstopfung.

2. Beschwerden als Gewebeüberlastung wegen übermäßiger Aufnahme von Energienreizungen, was durch Hitzewallungen und Blutungen zu poröser Haut führt und durch eine zu rasche Vermischung dieser Energien mit dem eigenen, latenten, *physischen Feuer* verursacht wird. Denn über das „Gefühl" ist es möglich, dem gesamten Organismus Empfindungen zu übermitteln,

die zwar nur in einem Teilbereich des Organismus entstanden sind, aber über die physikalische Schwingungsqualität von „Signalmolekülen" auf die Kohärenz der Biophotonenfelder im gesamten Organismus einwirken. Dabei reagiert dann der gesamte Organismus als übergeordnetes Schwingungsfeld auf den Reiz im Sinne eines einheitlichen Feldes wie bei einer Influenza oder Seuche, wobei Botschaften des Nervensystems für die Auslösung dieser Fernwirkung sorgen, so dass der gesamte Organismus angemessen oder unangemessen auf den Reiz reagieren kann. Entweder wird ein Integrationsmechanismus ausgelöst (Wachstum) oder ein Schutzmechanismus (Abwehr, Immunsystem). *„Wichtig war die Erkenntnis, das Emotionen nicht nur durch ein Feedback der Umweltinformationen des Körpers entstehen, sondern dass der seiner selbst bewusste Geist auch durch das Bewusstsein „Gefühlsmoleküle" erzeugen und das System damit überlagern kann."*[77]

Und das bedeutet, dass durch die Erschließung psychischer Energien ein Organismus auch eine höhere Integration erreicht, wobei Gefühle selbst als „Schwingungsmodulatoren" wirksam sind. *So kann der angemessene Einsatz des Bewusstseins einen kranken Körper gesunden lassen, während eine unangemessene Kontrolle der Gefühle einen gesunden Körper krank machen kann.* Dabei geht es immer um die Wiederherstellung kohärenter Felder entweder durch Hinzufügung einer entsprechenden Substanz, die auf ihrer Schwingungsebene in der Lage ist, Fehlschwingungen zu neutralisieren, oder um die Verzögerung einer Krankheit durch Verschluss oder die Zerstörung aller zellulären Andockstellen (Schutzmechanismus vor Invasoren) im Organismus. Das sind die Funktionen des inneren Immunsystems und dienen der *„Reinhaltung und Läuterung"* der Physis, in Form einer *Biologie der Selbstverteidigung*[78]. In diesem Zusammenhang sei auf Dethlefsen verwiesen, der darauf hinweist, dass *„weder Präventivmedizin noch "gesund leben" als Methoden der Krankheitsvermeidung Aussicht auf Erfolg haben. Besser wäre die Rückbesinnung auf eine alte Weisheit, die wörtlich zu verstehen ist: „Vorbeugen ist besser als heilen." Vor-beugen heißt dabei, sich freiwillig beugen, bevor die Krankheit uns dazu zwingt."*

Alice Bailey sieht diesen Läuterungsweg als „Reinhaltung und Beherrschung der Lebensströme" und benennt als Voraussetzungen dafür Enthaltsamkeit und Disziplin. Denn „Liebe zur Welt" bedeutet nicht nur *„ Begehren als Anhangen an Objekten, die Wohlgefühle schaffen"*[79], sondern ist eine lasterhafte Verhaftung und Verblendung im Dasein. Für die Überwindung dieser verblen-

[77] Bruce Lipton, a.a.O. 130
[78] Bruce Lipton, a.a.O. 146
[79] Hildegard von Bingen, a.a.O.

deten Verhaftungen bietet Therese v. Avila[80] im 10. Hauptstück „Von der Losschälung" Hilfe an: *„Allein die Losschälung (Loslösung von Verhaftungen) von
den Dingen und den Menschen reicht allein nicht aus, wenn man sich nicht
auch von sich selbst losschält. Denn „kein Dieb" ist gefährlicher, als jener,
der sich selbst im Haus aufhält. Denn wir haben immer uns selbst bei uns.
Um also die Neigung von den wertlosen Dingen dieser Erde abzulenken und
sich so zum Unvergänglichen hinzuwenden, dienen als vorzügliche Mittel, die
Selbsterkenntnis und die beständige Erinnerung, wie eitel alles ist und wie bald
es vergeht. Allerdings ist die Losschälung von uns selbst, nämlich sich selbst zu
vergessen und gegen uns selbst zu sein, sehr schwer, weil wir mit uns so ganz
verbunden sind und uns zu sehr selbst lieb haben. Das erste, um was wir uns
also bemühen müssen, besteht in der Verleugnung der Liebe(Verliebtheit) zum
eignen Leib."*

Und als spezielle Ermahnung an ihre Mitschwestern führt Therese weiter aus:

*„Entschließt euch, davon euch loszumachen, da wir ja gekommen sind, um
für Christus zu sterben, nicht aber, um uns für Christus gut zu pflegen. Leider
hat unser Leib nun einmal den Fehler, dass er um so mehr Bedürfnisse weckt
und entdeckt, je mehr er gepflegt wird. Der Weg nach Innen ist darum mit viel
Leiden verbunden, darum ist es also sehr lobenswert, wenn ein jeder mit dem
anderen Mitleid habe. Lernt aber dabei zu unterscheiden, in welchen Dingen
ihr Bedauern und Mitleid mit dem anderen haben sollt. Verlegt euch niemals
auf süßliche Tröstungen dabei, denn das ist etwas sehr weibisches; ich aber
wünschte, dass ihr in keinem Stücke weibisch sein noch euch so zeigen möch-
tet, sondern in allem wie starke Männer."*

Zusammenfassung / 2. Seinsebene

Die zweite Seinsebene des emotionalen Funktionsbereiches (Gefühle/Wünsche)
betrifft alle Beeinträchtigungen bei der Verteilung aller empfangenen Energien.
Dieser *„Gefühls- oder Begierdekörper"* entspricht im Modell von Philipp Lersch[81]
dem *endothymen Grund*. Im Laufe der menschlichen Entwicklung differenzierte
sich dieser Funktionsbereich durch das wechselseitige Einwirken von Begierde
und Gefühlsreaktionen auf die Seele, deren Wirkung dann im Körper als polare
Gefühlsregungen wie Schmerz oder Lust erfahren werden. Menschen, die primär aus dieser Bewusstseinsebene heraus leben unterliegen daher hauptsäch-
lich Gefühls-Verblendungen. *Symbolisch könnte man sagen, dass der so ver-*

[80] Therese von Avila, „Die innere Burg"
[81] Philipp Lersch: Aufbau der Person

blendete Mensch in tiefen Nebel versunken zu sein scheint, der von einer Stärke und Dichte ist, die ihn nicht nur undurchdringlich erscheinen lässt, sondern den Menschen auch alles verunstaltet und verzerrt sehen lässt[82]. Noch wissen die meisten nicht, sich aus diesen Nebelhüllen selbst zu befreien. Diesen „Nebel der Verblendung", welcher die Menschheit quasi umhüllt, muss man als einen Zustand von greifbarer Wirklichkeit erkennen und dementsprechend auch so behandeln. Denn es geht dabei nicht nur um das Überwinden und Durchschauen der von der Welt vorgegebenen Situationen und Gestalten, sondern um eine wirkliche Transparenz einer *materiell-allumfassenden Eintrübung*. Als materiell muss diese im gleichen Sinn verstanden werden wie auch Gedankenformen substantielle Dinge sind, weil auch sie als Formgestalten ihr eigenes Leben führen und bestimmen. Gedankenformen sind dynamisch, eindringlich, klar umrissen und abgegrenzt. Astrale Verblendungen dagegen sind lastend und unbestimmt verdunkelt. Man versinkt in ihnen wie in einem Ozean oder in einem „Nebelmeer", wo hingegen man Gedanken begegnet und sie ins Auge fasst, aber nicht darin versinkt. Den astralen Gefühlsbereich muss man als Bestandteil der allgemeinen Weltverblendung der Menschheit sehen, weshalb der einzelne Mensch oft zwischen seinen eigenen subjektiv bedingten Verblendungen und den allgemeinen Weltverblendungen, die ihn beeinflussen und ihn überschwemmen, nur schwer unterscheiden kann.

3. Seinsebene
Kortex / Mentale Störungen

Dieser eigentliche „mentale Funktionsbereich", auch „Mentalkörper" genannt, betrifft den eigentlichen Bewusstseinsbereich des Denkens und des Weltinnewerdens und bildet das wichtigste Instrument, das der Seele zur Verfügung steht, um den Sinn des Seins zu erkennen. Erst wenn der Mensch eine geistige Einstellung zur Wirklichkeit annimmt, was durch das selbstreflektierende Denken aktualisiert wird, kann er seine ersten Schritte nach „Innen" wirklich unternehmen; denn nur dann macht sich auch der *innere, subtile Mensch* wahrnehmbar geltend und ermöglicht dem Bewusstsein die Unterscheidungsfähigkeit oder „discretio" zwischen Realität und illusionärer Verblendung! Diese stellt sich aber erst ein, wenn man auf diesem „inneren Weg" nach bitteren Erfahrungen und Enttäuschungen zur Wahrheit gelangt und man die eigenen Verblendungen erkennen kann, die den bisherigen Menschen in Fesseln gehalten haben. Denn erst ab jetzt können seine niederen Wollungen, Bestrebungen und Begehrungen nicht mehr ungefragt zwischen sein „Ego und die Seele" oder zwischen Bewusstsein und Psyche treten.

---

[82] Alice Bailey, a.a.O.

Das menschliche Bewusstsein macht bekanntlich in seiner stufenweisen Entwicklung große Veränderungen durch, um auf den Ansturm der Erscheinungswelt zu reagieren, wobei das Denkvermögen das *Werkzeug* ist, das den Vorgang des *Werdens* über Vergangenheit, Gegenwart und Zukunft primär wahrnimmt, um endlich in dieser Entwicklung auch einen Zugang zum Wesen des ewigen Seins zu finden. Das „Werden" wird vermittels des Intellektes enthüllt, das Sein dagegen durch Intuitionen, denn diese zwei parallelen Vorgänge hat die Menschheit im Laufe von Jahrtausenden bewusst hervorgebracht: Über den rein physischen Evolutionsvorgang selber entfaltete sich allmählich das Bewusstsein des Menschen, bis es zum vorherrschenden Aspekt einer individuellen Persönlichkeit wurde, und zweitens kam es in der gesamten Entwicklung zu einer abgestuften Reihe von Offenbarungen, welche der Menschheit ein religiöses Verstehen des Daseins brachten. Diese Offenbarungen führten die Menschen stetig von einer bloßen Identifizierung mit der Formenwelt hinweg in jene Bewusstseinszustände, die vom gewöhnlichen Standpunkt aus als „übernatürlich" erscheinen, vom spirituellen Standpunkt aus aber durchaus normal sind.

Der Mensch muss sich deshalb ständig entscheiden und erlebt ein persönliches Versagen, nämlich einer Polarität zwischen gefühlsmäßigen Verblendungen und tatsächlicher Realität ausgeliefert zu sein. Diese Entscheidungen zwischen horizontalem Weltbezug und vertikalen Geisteinstrahlungen macht das Leiden im Leben aus, und gemäß diesem dialogischen Prinzip im Universum verwendet auch Hildegard von Bingen am Anfang ihrer Schrift[83] den Begriff „Virtus" in der doppelsinnigen Bedeutung: Gottes Kraft und Gnade in der vertikalen Einströmung und als Mut, Tapferkeit, menschliche Erkenntnis und Tugend im sittlichen Handeln im Sinne der horizontalen Bewusstseinsschiene. Vor allem ist es aber die eigene Vergangenheit eines Menschen mit allem irrtümlichen Denken, selbstsüchtigen Wünschen und Missdeutungen aller Lebensabsichten, die zu den daraus entstandenen Prägungen, Neigungen, Verblendungen und Charaktereigenschaften führten und als schwere Belastungen empfunden werden. Es sind die Verhaftungen an irdische Aufgaben und tradierte Wertvorstellungen, die im Leben zu eingewurzelten „*Sünden mutieren*", aus denen jenes mächtige Bestreben entspringt, alles „Erworbene" im Leben auf dieser verblendeten Bewusstseinsebene festzuhalten.

Einseitig mental ausgerichtete Menschen wie der „Kopftypus" unterliegen leicht der Illusion, dass das Leben vom Verstand allein zu lösen sei. Allein auf den Intellekt ausgerichtet, werden solche Menschen oft von fixen Ideen und Gedanken beherrscht, die so mächtig sind, dass sie zweierlei bewirken: Sie be-

[83] Hildegard von Bingen, „Der Mensch in der Verantwortung"

herrschen sein gesamtes Wesen und schalten das Denken eines Menschen auf eine rein leblose Intellektualität um, die im schlimmsten Fall völlig überspannte Wahn- oder Zwangsvorstellungen erzeugt oder so einen veranlagten Menschen zu einem verkrampften Fanatiker werden lässt. Der Fanatiker ist gewöhnlich – auch wenn er selbst es nicht weiß – ein verwirrter Mensch und steht im Bann irgendeiner mächtigen Idee. Diese Verblendung ist oft so stark, dass er keine Möglichkeit mehr findet, die ihn beherrschende Idee in den Gesamtrahmen seines Weltbildes einzufügen oder jene notwendigen und spirituell verordneten Kompromisse zu schließen, die der Menschheit wirklich helfen würden. Denn beim hochentwickelten Menschen gruppiert sich die mentale Illusion oft um eine bestimmte Intuition und diese Intuition verdichtet sich dann in seinem Denken, bis sie so wirklich erscheint, dass der Betreffende fanatisch all seine Zeit darauf verwendet, um auch anderen seine „Vision" von „Welterlösung (Kommunismus) aufzuzwingen. Eine der stärksten Verblendungen entsteht bei der Verwechslung der horizontalen und vertikalen Bewusstseinsrichtung, was eine totale Verzerrung der realen Sicht erzeugt. Eine solche gravierende Verblendung ist z.B. die Vorstellung von der „sozialen Gerechtigkeit", der im Laufe der Zeit Millionen von Menschen zum Opfer fielen. Denn die Frage nach der „Gerechtigkeit" ist immer zugleich die Frage nach „sozialer oder göttlicher Gerechtigkeit".

Denn alles, was für gesellschaftliche Konventionen oder Verträge gilt, gipfelt bestenfalls in moralischen Maßstäben, die aber als menschliche ebenfalls zeitlichen Veränderungen unterworfen sind. Darum ist „soziale Gerechtigkeit" immer nur im Kontext zu einer bestimmten zeitlichen gesellschaftlichen Form zu verstehen und sollte zu keiner Zeit einen Absolutheitsanspruch erheben und ausüben. Die göttliche Gerechtigkeit ist für die Menschen schwer einsehbar und darum auch oft nicht verstehbar; sie allein schafft aber nicht nur den Ausgleich, sondern auch die Rückführung des Pendelausschlages in seine Ruhestellung, die verloren ging. Die göttliche Gerechtigkeit setzt bei den Urkräften an, die soziale bei den wirkenden Bildkräften – und damit ist ihr Los besiegelt, nämlich spätestens wenn sich die Bilder geändert haben. Die Verblendung liegt im fanatischen Festhalten an sogenannten Gerechtigkeitsprinzipien. Diese binden und verhaften nur, um im Menschen ungesunde Spannungen zu erzeugen, die niemals über die Bilder oder deren Veränderungen gelöst werden können. Der Versuch, sie über die Bilder zu lösen, führt nur zu Gewalt und noch größerer Ungerechtigkeit, weil man glaubt, die „Kleider" wechseln zu können, aber den Menschen, der darin steckt in seiner Meinung belässt. Und das wird besonders deutlich an allen Erkrankungen, die Menschen erleiden, wobei die Frage nach der Gerechtigkeit völlig illusorisch und absurd erscheint. Während der Mensch immer wieder fragt, wie Gott dieses nicht verstehbare Leiden auf

Erden zulassen kann, vermag die göttliche Gnade vielleicht nur noch über die Krankheit auf den Menschen so einzuwirken, dass sie bei ihm vielleicht dann doch noch Gehör findet.

Auch für den Kopftypus besteht daher das Hauptproblem im Leben in der bewussten ständigen Vergegenwärtigung der Dualität aller Manifestationen, welche die eigentliche Wurzel aller Schwierigkeiten bleibt, der die gesamte Menschheit – in Zeit und Raum – ausgeliefert ist. Es handelt sich genau wie bei den anderen beiden Typen „Bauch- und Herztypus" um jene immanente Vorbestimmung, die im Bereich des Bewusstseins selbst liegt und weder in der Substanz (Materie) noch den wechselnden Bildern innewohnt. Denn allein im Kortex ist die eigentliche menschliche Fähigkeit der Reflektion beheimatet, jenes erinnernde und beobachtende Abwägen aller Reaktionen der *Nachbarhirne von „Altsäuger- und Reptilienhirn"*, jene Fähigkeiten wie Sprache, Lesen, kreativer Prozesse, Rechnen, Planung, das Nachsinnen über Sympathie, Liebe, Religion, Schicksal und Philosophie, wobei der Kortex – wie man inzwischen weiß – die Ordnungen der beiden darunter liegenden Systeme drastisch verändern und beeinflussen kann. Daher geht es bei den Kopftypen primär um jene immanenten Ängste, die aus dieser ständigen Bewusstwerdung herrühren, sich zwischen zwei Polen entscheiden zu müssen oder darin aufgerieben zu werden. Der Kopf-Typus tendiert daher dazu, lieber im „Großhirn" zu sinnieren, als in der wirklichen Welt „bittere Erfahrungen" zu machen. Man ist „überwältigt" vom eigenen „inneren Makrokosmos" und betrachtet das Leben lieber als ein Rätsel, das es zu lösen gilt. Bei diesen Ängsten handelt es sich einmal um solche, die sich gegen einen selbst richten und um solche, die man in die Außenwelt projiziert.

Das Beziehungsmuster eines Kopftypen ist das Doppel-Solo: *Am besten lebt man als Paar doch nur dann, wenn jeder alleine sein kann.* Ein weiteres Problem dieses Typus ist der innere Rückzug (in den Kopf), weil die Angst im Außen ihn ständig zu persönlichen und inneren Absicherungssystemen veranlasst, die von anderen allerdings oft als kalt und verletzend empfunden werden. In diesen Programmierungsmechanismen treffen ständig unterschiedliche Energieströme, geistige und physische, aufeinander und bewirken im Menschen – als Zuschauer und Teilnehmer – einen Zustand der Dunkelheit und der Verwirrung, die eine klare Auswahl und kritische Unterscheidung schwierig macht und zu innerer Isolation führen kann. Es entsteht eine Art unverbindlicher Abschirmung, die heute so allumfassend zu beobachten ist, dass – bildlich gesprochen – jedermann darin eingesperrt zu sein scheint. Die aus dieser Isolation ursächlich entstandenen Störungen kann man als „statische Zustände" bezeichnen, weil sie das reibungsfreie Fließen der Energien und Funktionieren im Organismus und in jeglicher Kommunikation faktisch unterbinden, so dass man quasi am

Leben vorbei lebt. Es sind einerseits die kortikalen Reflektionen, die als trennenden Eingriffe hinsichtlich der „Scheidewand" zwischen der physischen und der ätherischen Ebene fungieren und andererseits die gesellschaftlichen Zwänge, die einen ungestörten Fluss einer natürlichen Kommunikation zum Schaden einer gesunden Physis beeinflussen. Wenn aber dieses existentielle Prinzip einer notwenigen Reibung im Leben nicht vorhanden wäre, würde alles in Stagnation versinken und es gäbe keine Entwicklung und Bewegung im Leben mehr.

Diese isolierenden und abgrenzenden Kräfte beeinflussen vor allem im Körper alle *„trennenden Gewebe- und Abschirmungen im gesamten Organismus, insofern man diese im Sinn eines physischen Grenzringes"* betrachtet, der in Form von „Scheidewänden" innerhalb des Organismus, aber auch außerhalb (Haut) zwischen der physischen und der ätherischen Ebene als Trennungswände notwendig fungieren. Denn während der Inkarnation bildet das physische Gewebe in der Außenhaut eine trennende „Scheidewand" zwischen der Physis und dem Ätherkörper aus. Diese im gesamten Organismus stabilisierenden *statischen Energiezustände* betreffen daher weniger die Umsetzung der Energie, sondern ermöglichen das geordnete Fließen der Energien im Gewebe und aller Netzwerke wie den Nerven, Blutbahnen, Lymphatischen System, Sehnen und Knochengerüst sowie der Haut als äußerster „Grenzring" des Körpers. Hinsichtlich dieser *mikrokosmisch-statischen Grenzringe* handelt es sich primär um die wechselvollen Beziehungen der ätherischen Energien zum physischen „Gerüst" im Rahmen seiner Aufgabe, „Grenzringe" zwischen dem rein Physischen und dem Psychischen zu bilden, und zwar als

1. schützende „Umhüllung" aller Organe und
2. als Scheidewand oder Trennungsgewebe zwischen dem Ätherkörper und
   dem dichten physischen Körper.

Das wird besonders deutlich an der Fibromyalgie. Bei dieser Erkrankung ist der Ansatz allein im Ätherkörper zu finden, weil es sich bei der Fibromyalgie um ein ständiges Oszillieren zwischen Körper und Ätherkörper handelt. Es ist quasi eine *„Stoffwechselwanderung"* über unterschiedliche Akupunkturpunkte auf dem Ätherkörper. Bisher ließen sich die meisten Erkrankungen in den Körperorganen fokussieren. Im Fall der *Fibromyalgie* sind die Bindegewebe der Nerven, bzw. die Innenhaut aller Organe betroffen, die Organe selbst aber nicht. Lediglich die Durchlässigkeit der „Grenzringe" ist in Form von Verhärtungen gestört, wobei die „Belebung" der Organe förmlich im Bindegewebe stecken bleibt und keine Vibrationsschwingungen mehr durchlässt. Der Mensch versteift innerlich, wobei eine von Außen herangetragene Bewegungstherapie nicht hilft, sondern es muss die innere, verhärtete Einstellung und Haltung, die gestört ist, wieder selbst als innere Schwingung und

Resonanz zum Leben erweckt werden. Es ist eine Form von „Allergie", die im Körper latent immer existiert und nur in Schüben aktualisiert wird und im Alter verstärkt wetterbedingt auftritt.

Denn bei allen Allergien handelt es sich immer um ein gestörtes Oszillieren zwischen Ätherkörper und Physis. Die Medizin hat noch keine Mittel dagegen gefunden, weil die Ursachen für diese Erkrankungen nicht lokalisierbar sind, denn es ist eine Störung zwischen Ätherkörper und Nervenübertragung und darum auch nicht fixierbar, was ähnlich auch für Depressionen gilt, die rein psychosymptomatisch zu verstehen sind. Diese Erkrankungen gehören zu den typischen Zukunftserkrankungen – ähnlich wie gegenwärtig schon alle Allergien – die auf Verletzungen des Ätherkörpers beruhen und daher nicht primär von der Physis her zu bestimmen sind, weil man die Ursachen dafür nicht in der Physis suchen darf, sondern im Ätherkörper finden muss. Auch Krankheitszustände von Infektionen und unspezifischen psychosomatischen Beschwerden bis hin zu Nervenentzündungen schlagen sich bei einem beständig absinkenden elektrodynamischen Potentialgefälle als eine Verminderung des Bioenergieflusses im Ätherkörper als Erkrankungen nieder.

Besonders gedankliche Energieeinstrahlungen können im Bereich aller stabilisierenden Gewebe und des Skeletts zu Verspannungen, Verhärtungen, Erstarrungen, Verkrampfungen und darüber zu Blockierungen des Energieflusses in den Organen führen, worüber sie dann analoge Spannungszustände in Muskeln und Bindegeweben erzeugen, die zwar einerseits als Energiereservoire für alle Kreisläufe und die Erhaltung der Stabilität des Organismus dienen, aber auch andererseits störende Verspannungen in allen Geweben bedingen, die man als Erkrankungen aller an der Stabilität beteiligten physischen Organismen wie z.B. als Rheuma bezeichnen kann. Bindegewebsschwäche, Hauterkrankungen, Muskelkater, Muskelschwund, Myolose, Sklerose oder Osteoporose sind weitere Erkrankungen, die sich auf Störungen aller an der Abgrenzung und Stabilität beteiligten Gewebe beziehen. Denn diese Form der Energie-Umwandlungen im Organismus, die über das Bewusstsein aus den Wechselwirkungen zwischen Gedanken und Molekularaktivitäten, also zwischen Ätherkörper und Physis erfolgen, kann man ganz besonders gut nachvollziehen, weil diesen strukturierten Bahnen der stabilen Netzwerke und Gerüste im Körper als antagonistisches Prinzip der Wille eines Menschen gegenübersteht.

Gedanken und Ideen als fließende Energien in diesem „Röhrennetzwerk" (Adern, Nerven, Darm, Lymphe) sind an sich *weder gut noch schlecht*, sondern lediglich die Basis des „Lebens" schlechthin. Entscheidend ist daher nur, in welche Richtung diese Lebensenergien in diesen Netzsystemen gelenkt werden oder mit anderen Worten wie das *„einstrahlende Denken"* eines Menschen im

Körper zur Umsetzung gebracht wird. Und das ist allein eine Frage des Willens, der vom Denken zwar gesteuert wird, jedoch allein der „Vollzugsaspekt" im Bewusstsein des Menschen ist. Denn jedes Wollen ist zielgerichtet und immer ein Auseinandersetzen mit Widerständen. Der Wille ist die Fähigkeit, alle Antriebsmöglichkeiten und verfügbaren Intentionen in die Richtung auf ein Ziel hin zu organisieren, was man landläufig unter dem Begriff *Willenskraft* versteht, d.h., *„die unterschiedlichen Willensimpulse zu jener Organisation aller verfügbaren leiblichen und seelischen Energien zu konzentrieren, die nötig sind, um das nach einer Entscheidung gesetzte Ziel gegen Widerstände durchzusetzen"*, und das bedeutet, dass Willenskraft darüber hinaus auch noch Entschlusskraft[84] voraussetzt, die allein vom Ichbewusstsein hinsichtlich einer Zielsetzung bestimmt wird. Denn Willensobjekte bestimmen immer die Richtung, ob es sich dabei um eine äußere oder innere Willenshaltung handelt. Somit ist der Wille neben Denken und Intelligenz der dritte Aspekt aller Kortexfunktionen.

Der Wille

„Als Wille fasse ich die im Bewusstsein disponible psychische Energiesumme auf. Der Willensvorgang ist demnach ein energetischer Prozess, der durch bewusste Motivation ausgelöst wird. Ich würde also einen psychischen Vorgang, der durch unbewusste Motivation bedingt wird, nicht als Willensvorgang bezeichnen." C.G. Jung

Ein Wille ist also immer eine bewusst gerichtete Energie, die vom Ich bestimmt wird. Dabei handelt es sich letztlich immer um den Willen zur Macht. Dieser gehört zu den *„Strebungen des individuellen Selbstseins"*, deren Basis der Selbsterhaltungstrieb ist und jene Ursituation darstellt, in die jedes beseelte Einzelwesen gestellt ist. Im Kampf ums Dasein entwickelt sich der natürliche Egoismus, der zur Rivalität unter den Menschen führt und damit zugleich auch ein Bewusstsein der eignen Wirkungsmächtigkeit hervorruft, und zwar Sich-Selbst-als- Macht zu fühlen („*Willen zur Macht"*[85]/*„Die Welt als Wille und Vorstellung"*). Nach Schopenhauer sind Selbsterhaltungstrieb und Egoismus

[84] Lersch, a.a.O.
[85] Nietzsche, Friedrich und Schopenhauer, Arthur

gleichzusetzende Triebkräfte, und er spricht in seinem Werk *Die Welt als Wille und Vorstellung* darum vom Primat des Willens im Selbstbewusstsein.

Die Wirksamkeit einer Willenshaltung nach außen gilt immer der Bewältigung äußerer Widerstände und wird als **aktiver Wille** bezeichnet. Formen dieser Willenshaltungen sind oft dabei Eigenmachtsgefühle, Überlegenheitsgefühle oder der Anspruch zu dominieren und zu beherrschen bis hin zu den heftigsten Formen von Aggression. Mangel an aktivem Willen führt zu Minderwertigkeitsgefühlen oder ist das Ergebnis von Überforderung durch das Außen. Im Gegensatz zum aktiven nach außen gerichteten (extravertierten) Willen ist die Richtung bei der inneren Willenshaltung, dem sogenannten **passiven (introvertierten) Willen** entgegengesetzt. Beim passiven Willen geht es um die Beherrschung und Disziplinierung eigener Gefühle, Triebe, Strebungen, Begierden und Leidenschaften. Ziele wären Selbstüberwindung, Selbstbeherrschung oder Beherrschung aller Unlustgefühle. Der Mangel an innerer Willenshaltung – oft gegen bessere Einsicht – führt oft zu einem widerstandslosen Nachgeben gegenüber allen Trieben, zu Passivität, Lässigkeit oder unkontrolliertem und ungehemmtem Tun, einem Sich-Gehenlassen. Solchen affektbetonten Stimmungs- oder Gefühlsmenschen fehlen alle organisierenden, regulierenden Funktionen. Es sind die Chaoten, die ständig der Gefahr der Ablenkung, Zerstreutheit und des Wankelmutes unterliegen. Ihre oft zügellose Hingabe an Wunschphantasien ist die Ursache ihrer Illusionen und Verblendungen, die nur Trümmer im Leben übrig lassen, was sich auch im Erscheinungsbild symptomatisch als amorphe und zerfließender Schlaffheit zeigt. Lersch benennt noch eine dritte Form des Willens: den reaktiven Willen, der sich erst am Widerstand entzündet.

Der Wille unterliegt normalerweise einem steten „seelische Balanceakt", der als integrierende und ausgleichende Funktion auf den Menschen einwirkt. Auf der einen Seite muss er einen Ausgleich zwischen allen Lebensbereichen schaffen, die der Mensch als zu sich gehörig empfindet und auf der anderen Seite muss er auch den Kräften Paroli bieten, die gerne das Szepter übernehmen wollen, um sich zu verabsolutieren. Denn der Wille ist das bewegende Prinzip innerhalb der Rangordnung physischer, emotionaler und mentaler Selbsterhaltung. Der Mensch ist kein statisches Gebilde, sondern ein lebendiges, welches immer im Prozess des Werdens und Wandels begriffen ist. In diesem Werdeprozess hat der Wille eine wesentliche Funktion, da er die Instanz nicht nur der Bewirkung, sondern auch der Zulassung ist. Die organisierende Kraft des Willens erstreckt sich dabei auch auf die Vorgänge des Weltinnewerdens und der Weltorientierung und zwar als Organisation der Wahrnehmungen, Vorstellungen und Gedanken, weil auch sie an Entschlüssen beteiligt sind. Erst in dem Maße, in dem wir einen Menschen als gereiften Verantwortungsträger anerkennen, fordern wir von ihm auch eine kontrollierte willensmäßige Durchorganisation.

Unmittelbare bedrohliche Schwierigkeiten wecken einen tief verankerten Überlebenswillen und nehmen den Menschen gänzlich für sich ein. Das gilt auch für quälende psychische Probleme wie Liebeskummer, die ebenfalls den ganzen Menschen erfassen. Sie sind weniger Angelegenheiten des „Herzens" wie man üblicherweise behauptet, sondern Probleme des Verlangens und damit eher den Verblendungen der „Bauchregion" zuzuordnen. Mentale Herzensprobleme sind dagegen wesentlich Probleme der Sinnfindung. Da der Mensch ein unfertiges Geschöpf ist und sich erst nach und nach selber entdeckt, ist auch der Sinn, den jemand für sich erkennt, jeweils dem Entwicklungsstand entsprechend ein anderer und damit auch seiner passageren Verblendungen. Aber auch der Sinn ist immer nur möglich in Beziehung auf etwas, welches dem obersten Ziel der geistigen Selbsterhaltung zuspricht. Denn der Wille verlangt auf jedem seiner Aktionsfelder nach einem Objekt, dem er zustreben kann.

Auf mentalem Feld ist dies jedoch weniger ein objektiver Gegenstand als mehr eine geistige Einordnung in ein religiöses oder spirituelles System einer geistigen Wahrheit. Eine solche Wahrheit kann aber nicht auf äußerem Wege erstrebt werden, sondern muss innerlich gesucht werden, wobei ein solcher Weg der innerlichen Suche sehr leicht in Selbstbemitleidung, Verzweiflung, Verblendung oder einem Zustand übersteigerter Schuldgefühle (Neurose) stecken bleiben kann. Es ist das leidige Verlangen, die eigne geistige Sackgasse, in der man steckt, nicht verlassen zu können und es ist die Tendenz, Lebensumstände oder andere Menschen für die eigenen Probleme verantwortlich zu machen, was auf widersprechenden Antriebsgestalten beruht. So bleibt der Wille ein Leben lang eine Gratwanderung und nur im tiefsten Inneren werden wahrhaft freie Entscheidungen gefällt, weil man nur da die Möglichkeit hat, alles an einem spirituellen Maßstab zu messen. Wer allein von seinem „eigenwilligen Ich" aus seine Entscheidungen fällt, kann über Entscheidungen nie wahrhaft frei verfügen, sondern lässt sich immer nur *fremdbestimmen*. Nur der spirituelle Wille des transpersonalen Selbst bringt jene inne Freiheit, die dem gegenwärtigen Menschen noch wenig bekannt und nur ahnungsweise vorhanden ist.

Assagioli[86] benennt das transpersonale Selbst als ein Bild einer Vorstellung, die der Mensch von sich selbst hat, denn nur sein „Menschenbild" ist die wesentliche Ursache und Voraussetzung für die Idee, wohin er strebt und sich ständig auf diesem Weg verändert. In der „Unendlichen Geschichte" von Michael Ende wird über Menschen, die an sich selbst scheiterten gesagt „Für sie kann sich

---

[86] Assagioli, „Psychosynthese"

nichts mehr ändern, weil sie sich selbst nicht mehr ändern können." Ende beschreibt mit diesem Satz die Erstarrung von Menschen, die sich zwar um die Erfüllung ihrer Wünsche gekümmert haben, sich zwar um die Pflege ihres Ich bemühten, es aber versäumt haben, sich darüber hinaus zu entwickeln und über einen transpersonalen Willen mit ihrem Selbst in Verbindung zu treten. Auf diese Erstarrten wartet eine Welt der Sinnlosigkeit, während auf die Suchenden und Änderungsfähigen eine Welt wartet, um den vordergründigen „Unsinn der Welt" für ein bewussteres Leben verlassen zu können, dessen Vollzugsorgan allein jener transpersonale Willen ist, um Spirituelles über Intuitionen des Quantenbewusstseins zu empfangen.

Wille und Entschlussunfähigkeit

Voraussetzung für jede Willenbekundung ist die Entschlussfähigkeit eines Menschen, die wiederum auf den verschiedensten individuellen Ursachen und Bedingungen beruht. Zuerst muss ein Mensch Klarheit darüber erlangen, wer er selbst ist und begreifen, dass das Dasein nicht allein auf sein Ego beschränkt ist, sondern immer auch eine geistige Wesenheit darstellt. Denn jedes Ichbewusstsein leitet alle seine Willenskräfte immer aus dem Zusammenspiel von Erkenntnis- Auswahl oder im Sinne einer Zurückweisung von Willensobjekten ab. Im Ich sind darum auch die Ursachen für seine Entschlussunfähigkeit oder deren Folge, nämlich einer Willensschwäche zu suchen. Diese eigenwillige Entschlussfähigkeit ist im Leben oft die entscheidende Kraft und Ursache für das leibliche und geistige Wohlergehen eines Menschen.

Ursachen für Entschlussunfähigkeit

Es gibt Menschen, die deshalb nie zum Handeln kommen, weil es ihnen unmöglich ist, sich zu entscheiden, um eindeutige Willensziele zu setzen. Dieses Unvermögen, zwischen Motiv und Gegenmotiv zu wählen, kann man auf verschiedene Wurzeln zurückführen. So fordert jeder Entschluss auch immer zugleich ein „Opfer", weil man bei jeder Entscheidung gezwungen ist, ein anderes Motiv aufzugeben. Das bedeutet, bei jeder Entscheidung werden immer zugleich auch Möglichkeiten vernichtet, weil die Tat durch die Entscheidung aus der Fülle der wünschenswerten Möglichkeiten in eine verantwortliche Einseitigkeit tritt und so immer nur einem Teil des eignen Wesens entspricht. Jede Willenstat enthält im Vorstadium eine Konkurrenz der verschiedenen Motive, die durch den Entschluss beendet wird. *Wer die Wahl hat, hat bekanntlich auch die Qual.* Dabei werden Willensobjekte als angemessen oder unangemessen empfunden und nach dem individuellen Level des Bewusstseins bestimmt, wobei auch der Wille das Denken beeinflussen kann, sich z.B. mit einem unangemessenen Willensobjekt identifizieren zu müssen, bedeutet Leiden. Denn dadurch wird immer ein geistiger Druck erzeugt, sich von unangemessenen oder überlebten Willensobjekten zu trennen, wobei oft überhängende oder verspätete Ablösungen seelische Krisen erzeugen, die erst abklingen, wenn das Erforderliche geschehen ist. *„Wer zu spät kommt, den bestraft das Leben!"*[87] Als besonders unerbittlich erweisen sich dabei die energetischen Kräfte des *„transpersonalen Willens (besser „Strebens")*, der meist stärker ist als die im Ich konzentrierten Eigenwillenskräfte.

Das führt zwangsläufig zu psychischen Disharmonien und physischen Verspannungen, die viele Menschen zu umgehen hoffen und sich vor Entscheidungen drücken. *„Es ist nichts erbärmlicher in der Welt als ein unentschlossener Mensch, der zwischen zwei Empfindungen schwebt, beide vereinigen möchte und nicht begreift, dass nichts sie vereinen kann."*[88] Im Enneagramm entspricht dieser feigen Unentschlossenheit der Typ Sechs, der als der häufigste Vertreter in den westlichen christlichen Gesellschaften zu finden ist. Ständige Selbstzweifel machen ihn vorsichtig, furchtsam und misstrauisch. Es fehlt einfach an Urvertrauen, was Jesus anmahnt, wenn er sagt: *„Fürchtet euch nicht, ich bin bei euch alle Tage"*(Mt 5, 37) oder in seinem Wort: *„Ja sei Ja und Nein sei Nein, jedoch die Lauen spucke ich aus."* Dieser furchtsame Typ bringt sich durch seine ängstliche Unentschlossenheit stets selbst in Situationen, in denen er immer nur der Verlierer ist. Noch ein weiterer Grund hängt mit dieser Unentschlossenheit zusammen: die Scheu, Verantwortung zu übernehmen. Diese Willenshemmung, kein Risiko einzugehen, findet man meist bei Menschen mit einem geringen Selbstwertgefühl, weil jeder Willensentscheidung zu viele Bedenken und Vorstellungen über mögliche Folgen gegenüberstehen. Dieses grübelnden Überdenken aller Eventualitäten schwächt nicht nur die Entschlusskraft, sondern nimmt der Tatkraft jede Entschiedenheit. *„...die Farbe der Entschlossenheit wird durch des Gedankens Blässe angekränkelt."*[89] und das führt dazu, dass das ganze Leben eine einzige Verblendung ist, eine „faule Ausrede!" Was sich im Körper in diffusen, schwammigen Symptomen bemerkbar macht und den gesamten Körper als Ausschlag, Pusteln oder unreiner Haut „bedecken kann".

Eine weitere Ursache für Unentschlossenheit ist die Faulheit! Im Mittelalter bezeichneten die Mönche diese „acedia" als den „Mittagsdämon". Es ist im Enneagramm die Wurzelsünde des Typ Neun. Bei dieser Antriebsschwäche handelt es sich meist um eine Art von innerer Unklarheit, denn Typ „Neun" tut sich

---

[87] M. Gorbatschow
[88] Goethe, „Clavigo"
[89] Shakespeare, „Hamlet"

schwer, sein eigenes Wesen zu verstehen. Alles liegt im Dunst der Verblendung einer für ihn selbst *„ohnehin bedeutungslosen Welt"*. Der wahre Grund ist indessen, das sie sich den Anstrengungen und Forderungen im Leben oft nicht gewachsen fühlen und sich diesen einfach entziehen. Sie verweigern das Leben und flüchten stattdessen in verdöste Traumwelten oder verfallen leicht der Betäubung einer Sucht. Oft haben sie depressive Grundstimmungen, sind immer „schläfrig" und finden alles im Leben zwecklos und aussichtslos. Das führt dann zu jener gleichgültigen Lethargie eines Sich-Gehenslassens oder jener *Null-Bock-Einstellung* so vieler Jugendlicher, weil alles viel zu anstrengend ist, um dafür überhaupt einen Willen aufzubringen, nach dem Motto: *„Die Sache ist doch den Aufwand gar nicht wert."* Trägheit und Bequemlichkeit sind die Folge, und man vermeidet so jeden Konflikt, ja selbst das Leben und sogar sich selbst. Es sind die Menschen, die am eignen Leben *vorbeileben* oder nur passiv am Leben anderer partizipieren. Es sind jene willensschwachen Menschen, die Schwäche und Unwissenheit ständig vorschützen, um eine Ausrede für ihre Faulheit zu haben, um sich so mildernde Umstände zu erschwindeln, nur um ungehemmt weiter ihrem Laster der Faulheit frönen zu können. Die Folge sind Aufgeschwemmtheit und Fettleibigkeit.

Wenn darum der Mensch allein von seiner Form und seinen Egoverhaftungen eingeengt und eingekerkert jeder klaren Sicht beraubt ist, haben allein Illusionen, Täuschungen und Macht über ihn. Eine Befreiung von dieser Knechtschaft der Materie gelingt nur durch eine konsequente Selbsterkenntnis, um den niederen Menschen in sich zu beherrschen und kraft eines wachsenden Gewissens sich selbst zu wandeln. Denn das Gewissen als urteilende Instanz im Menschen wächst nur durch eine genaue Erforschung der Ursachen, die allen Motiven, Wünschen, Bestrebungen und Gefühlen zugrunde liegen. Erst danach entsteht durch das Erkennen, Deuten und Erklären und über die sich daraus ergebenden Verhaltensformen eine Beziehung zum Geist. Da im Leben sich aber die beiden Koordinaten (horizontal-vertikal) ständig überschneiden und dadurch oft fatale Verwechslungen von Ursache und Wirkung zur Folge haben, entstehen so viele Missverständnisse und Täuschungen über sich selbst, die sich nicht nur in Krankheitssymptomen niederschlagen, sondern selbst die Ursache für die meisten Erkrankungen selbst sind.

Therese[90] versteht unter einer wahren Selbsterkenntnis vor allem die daraus folgende *Losschälung*, weil allein in dieser bewussten Ablösungen von den Verhaftungen der Mensch wahre Liebe erbringt und so seine Seele aus ihrer Gefangenschaft falscher Identifikationen (Verblendungen) befreit. Nur das erbringt auch im Körper Heilung von Krankheiten. Wenn diese Ablösung nicht

---

[90] Therese von Avila, a.a.O.

gelingt und man daran festhält, erstarrt man in sinnlosen und abgestorbenen Formen. Seelische Krisen wurzeln darum meist in einer Disharmonie zwischen dem Eigenwillen des Ich und dem spirituellen Strebens des transpersonalen Selbst. Primär sind die Willenskräfte des Ego durch Identifikation an die Lebensbereiche (Vitalgrund, endothymer Grund und Kortex) gebunden; aber indem das Ich die ihm unterstehenden Willenskräfte bewusst leitet, kann auch jenes latent vorhandene transpersonale Streben im Zusammenspiel von Erkenntnis und seelischen Bestrebungen mitwirken. Nach Edith Stein ist das Ich für die Seele *„die Möglichkeit, sich in sich selbst zu bewegen, denn das Ich ist das in der Seele, wodurch sie sich selbst besitzt und was sich in ihr als in seinem eigenen Raum bewegt."*[91]

Bewusstwerdung als Krankheitsprophylaxe

Krisen als Entwicklungschancen, Bewusstwerdung und Folgen der Verblendungen

Das Problem der gegenwärtigen Schulmedizin liegt darin, dass sie zu sehr von den Symptomen fasziniert ist, und leider Symptome und Krankheit gleichsetzt. Ehrlich wird aber eine Betrachtung erst dann, wenn man statt Symptome zu behandeln das „Kranksein an sich" begreift und weit über ein rein medizinische Diagnose hinaus die wirklichen Ursachen für Störungen im Körper herausfindet und einbezieht. Ursächlichkeiten sind organisch neben den genetischen Anlagen eines Menschen vor allem in den Programmierungsmechanismen des Energiekreislaufes im Organismus zu erkennen, der über die genetischen Voraussetzungen hinaus den ganzen Menschen mitbestimmt und von den drei Ebenen der Seinsweisen unterschiedlich beeinflusst wird. Neben dem genetischen Vitalgrund sind es die epigenetische Gefühlsebene und die mentalen Bewusstseinsintegrationen. Diese erzeugen im dualen Zusammenspiel zwischen Körper und Bewusstsein als ursprüngliche Voraussetzungen alle bereits systemimmanent bedingten vorprogrammierten Störungen im Leben.

In diesem Zusammenhang formuliert Alice Bailey in ganz ähnlicher Weise: Der Mensch *„muss zuerst die Kontrolle über den „Denkapparat" erlangen. Wenn das*

[91] Edith Stein, Gesamtwerk

erreicht ist, muss man damit beginnen, die Hindernisse durch Gegenströmungen unwirksam zu machen; denn die Hindernisse sind die Folgen falscher Denkgewohnheiten und der missbräuchlichen Anwendung des Denkprinzips. Wenn man einmal diese falschen Denkgewohnheiten als die Ursachen erkannt hat, welche die hindernisschaffenden Formen und Folgen im Körper hervorbringen, dann können sie durch richtige Denkgewohnheiten ausgerottet werden."[92]

Denn bei der Frage nach Gesundheit oder Krankheit geht es letztlich darum, inwieweit ein Organismus in der Lage ist, auf das Schwingungsmuster eines auf ihn einwirkendenden anderen Oszillators zu reagieren und dabei seine eigene Stabilität zu bewahren oder wiederherzustellen, und das bedeutet: Gesundheit ist die Fähigkeit des Organismus, sich jederzeit auch selbst regulieren zu können. Erst wenn ein Organismus mit den Störungen selbst nicht mehr fertig wird, werden Erkrankungen akut und offensichtlich, und das ist immer gleichbedeutend mit einem Verlust an Kohärenz und ganzheitlichem Funktionieren, quasi *ein Rückfall in eine tiefere Evolutionsstufe.* Eine Erkrankung setzt z.B. ein, wenn ein angreifender „Oszillator" seine Informationen auf den Organismus übertragen konnte und aufgrund einer Fehlmodulation die Regulationsfähigkeit des Organismus gestört wird; dann versucht das organische System selbst immer wieder eine Kohärenz, d.h. eine integrierende Ordnung in seinen Schwingungsmustern herzustellen. *Dabei muss man beachten, dass der Einfluss von Emotionen nicht nur durch ein Feedback der Umweltinformationen des Körpers entsteht, sondern dass der seiner selbst bewusste Geist auch über das Gehirn „Gefühlsmoleküle" erzeugen und das Organsystem damit überlagern kann.*[93]

Die heutige Medizin geht im Gegensatz dazu primär von der finalen, physischen Realität aus, nämlich Krankheiten mittels Substanzen (Medikamenten, technischen Geräten etc.) zu behandeln, deren Wirksamkeit erfahrungswissenschaftlich (empirisch) verifiziert wurden. Jede Substanz („medizinische Behandlung") stellt grundsätzlich ein fremdes Schwingungsfeld dar, welches direkt auf die Schwingungsebene eines organisch-schwingenden Systems einwirkt, wobei dieser Prozess fast nur die *Oberflächenstruktur* der Physis und nie die darunter liegenden mental-psychologischen Schwingungsfelder wirksam erreicht. Aber nur von diesen Schwingungsfeldern her kann eine Störung wirklich überwunden und eine Erkrankung wieder geheilt werden. In diesem Fall versucht immer ein gestörtes organisches System wieder eine Kohärenz, d.h. eine Einheit, bzw. Harmonisierung in der Ordnung seiner Schwingungsmuster herzustellen, was aber über *physiologische Energiefelder* allein nicht gelingt.

[92] Alice Bailey, a.a.O.
[93] Bruce Lipton, a.a.O.

Es ist so, dass nicht nur Stoffe und Substanzen im Körper Reize ausüben, die als Energiefelder krankheitsauslösend sein können, sondern ebenfalls alle mental-psychischen Energien, die als epigenetische oszillierende Felder auf der feinstofflichen Ebene in die Physis einwirken. Deshalb bedeutet die Beherrschung solcher mental-psychischer Energien über eine konsequente Bewusstwerdung quasi eine Form der *Krankheitsprophylaxe*; denn psychisch-mentale Energien verlangen immer nach manifester Verwirklichung. Mit anderen Worten: sie brauchen immer ein Ventil, einen Ausgleich, eine Neutralisierung der Spannung im manifesten Aussen. Wenn diese Möglichkeit nicht besteht, drohen solche Energien sich anderenfalls im Organismus selbst zu „entladen", um diesen folglich vielfältig zu schädigen, quasi vergleichbar mit einer Art „Selbstvergiftung".

Mental-psychische Energiefelder gehören einer feinstofflicheren, d.h. höherfrequenten Ebene an als die des grobstofflichen Körpers, sind aber mit der mentalen Ebene des Bewusstseins kompatibel und prägen ihre mentalen Frequenzmuster dem Organismus auf. Es ist wie in der Musik: Der gleiche Ton, nur eine Oktave höher oder tiefer, aber nicht die selbe Frequenz. Jeder Mensch hat Zugang zu dieser Art *„kosmischer Interferenzmuster"* (Wellen/ Frequenzen), da letztlich selbst jeder Gedanke auch diesem Gesetz im Universum unterliegt, wobei diese *„quantenbewussten Intuitionen"* vorerst nur bei wenigen Menschen schöpferisch relevant werden, und zwar bei denen, die neben dem rein funktional-kausalen Denken, noch die Fähigkeit besitzen, über intuitiv-analoges Denken hinaus bis hin zum spirituellen Quantenbewusstsein Zusammenhänge zu erfassen. Für die meisten Menschen ist allein das kausale Denken die höchste Stufe ihrer Bewusstseinsmöglichkeiten. Denn alles, was ein Mensch erkennen und wissen kann, entspricht seinem individuellen Bewusstseinslevel. *„Du gleichst dem Geist, den du begreifst"* (Goethe), wobei die jeweils dominante Bewusstseinsebene alle Wahrnehmungen einfärbt.

Um sich über diese Prozesse Klarheit zu verschaffen ist die Selbsterkenntnis die notwendige Voraussetzung für das Bewusstwerden dieser *inneren und äußeren Aktivitäten: „Der einzig erfahrbare Sinn unserer Inkarnation ist die Bewusstwerdung, so wie das Einzige, was das Grab überdauert, das Bewusstsein ist – und darum kümmern sich leider die Menschen am aller wenigsten."*[94] Denn in der Tat verdankt der Organismus eines Menschen seine Lebensfunktionen, jener immateriellen Instanz, die wir Bewusstsein nennen, und Dethlefsen formuliert in diesem Zusammenhang „überspitzt": *„Der Körper selbst ist niemals krank oder gesund, weil in ihm lediglich die Informationen des Bewusstseins zum Ausdruck kommen. Im Körper manifestiert sich lediglich*

[94] Dethlefsen, a.a.O. S. 363

der Bewusstseinszustand eines Menschen." Insofern berühren funktionale medizinische Maßnahmen letztendlich das Thema „Heilen" im engeren Sinne nie, egal, ob sie wirken oder nicht. Heilung findet immer nur über das Bewusstsein statt. Bewusstwerdung ist darum das Ziel unseres Daseins, und diesem Ziel dient allein das ganze Universum.

Voraussetzung für Selbsterkenntnis ist es, zuerst das Gesetz von Ursache und Wirkung zu akzeptieren, um zu erkennen und endlich aufzuhören, sich allein nur mit den Wirkungen als Ergebnissen von Ursachen zu befassen, die immer nur Folgen von etwas sind. Allein die *Ursache* verfolgt unablässig ihr Ziel und bringt so in allen Manifestationen objektiver Formen eine Wirkung hervor. Das Akzeptieren dieser Erkenntnis ist die unabdingbare Vorstufe, um über dieses rein funktional-kausale Denken hinaus hin zum intuitiven *Analogiedenken* zu kommen und endlich im spirituellen *Quantenbewusstsein* ganzheitlich die Welt zu erfassen.

Der Mensch sieht zwar oft nicht, was er selbst ist, weil er letztlich nur das am anderen Menschen wahrnehmen kann, was auch in ihm selbst entwickelt ist. *„Der Splitter im Auge des anderen ist oft der Balken vor den eignen Augen"* (Mt. 7, 3). Wir können manche Lebens-Aspekte deshalb nicht erkennen, weil diese Aspekte in uns noch nicht zur bewussten Entfaltung gekommen sind. Zum Beispiel erkennen wir das Göttliche in unseren Mitmenschen deshalb nicht, weil wir mit dem Göttlichen in uns selbst noch nicht in Verbindung getreten sind und es uns darum unbekannt bleibt, denn die meisten Menschen erfassen nur den äußeren objektiv wahrnehmbaren Formen-Aspekt und dessen Begrenzungen, und die Seele selbst bleibt ihnen verborgen. Erst in dem Augenblick, da wir mit unserer Seele bewusst verbunden sind, können wir auch die Seele der anderen sehen, und nur darin finden wir die Erklärung für unsere Begrenzungen, aber auch die Verheißung auf das Ziel. Denn wenn eine latente Fähigkeit, wie z.B. die Intuition oder die Telepathie entfaltet wird, erschließt das uns immer eine neue Welt und offenbart uns einen Gesamtplan des Lebens, einen Seins-Bereich, den wir bisher nicht beachtet haben, weil wir ihn nicht erkennen konnten. Darum ist es notwendig, diesen Prozess der „Seelenentfaltung" ständig weiterzuführen, um latente Fähigkeiten zu entwickeln und die Wahrheit in ihrem ganzen Umfang zu erkennen. Denn die „Täuschung" oder das „Böse" bezieht sich immer nur auf die äußere Form, auf das Gehäuse, auf die Materie, niemals auf die Seele selbst.

Stufen des Krankseins

Neue Schwingungsfelder und Gesundheit

Krankheiten beginnen im Grunde lange bevor die ersten Symptome und fühlbaren organischen Schädigungen feststellbar sind. Viel frühere Regulationsstörungen im Denken und in der Psyche setzen sich über Disregulationen der Bioenergetik in physiologischen, funktionell-organischen, zellulären und molekularen Fehlregulationen fort, was physikalisch gesehen einer stufenweisen *„Einengung von Radiowellen über Mikrowellen, Infrarotwellen bis ins Spektrum des optischen Bereichs entspricht"*[95]. Genauso verfügt der Organismus auf jeder seiner Seinsebenen über die Fähigkeit, Störungen ohne weitere Folgen zu erkennen und auszugleichen. Geschieht das allerdings nicht, so greift ein „Korrekturmechanismus" immer auf den nächst tieferen Bereich über. So kann z.b. eine falsche Denkweise zu einer konfliktreichen Haltung gegenüber Mitmenschen führen, wobei diese Verhaltensstörung wiederum, wenn sie andauert, bioenergetisch fassbare Veränderungen und chemisch-muskuläre Kontraktionen zur Folge haben kann, wodurch eine bioenergetische Regulation nicht mehr erfolgen kann und sich beispielsweise im Organismus als Schlafstörungen, in Übersäuerung des Blutes sowie Herzschmerzen und Migräne äußern, die bis zu Präkanzerose in manifesten Tumoren und zu zellulären Schäden führen und schließlich bis ins Erbgut eingreifen können. Hildegard v. Bingen sagt in diesem Zusammenhang:

„Im Kosmos ist alles ein korrespondierender Zusammenhang. So auch der Mensch: Wenn du dich in der Seele zusammenziehst, folgt dir bald dein Körper nach. So ist es auch mit den Krankheiten – sie sind Abbilder deiner Seele. Oft wird dann ein Organ als Herd für eine Erkrankung ausgewählt, was dem Eigenwillen eines Menschen am meisten entspricht. z.B. wenn ein Mensch am Herzen leidet, so ist auch sein seelischer Kummer dort beheimatet. Wenn es der Magen ist, dann will er meist zu viel fressen, was er dann nicht mehr kann. Ist es die Leber, so hat er oft unsaubere Gedanken, denn die Gedanken sind wie das Blut. Die Unsauberkeit der Gedanken zeigt sich auch in der Haut (Akne). Die Gifte der tiefsten Seele gehen an die Nieren. Wichtig ist auch die Versteifung. Das sind Menschen, die festhalten, was sie weitergeben sollten. Die, die Krebs haben, wuchern in Hochmut in dem Organ, das betroffen ist. Diejenigen, die davon im Darm betroffen sind, haben zu viel Abfallreste, die sie gern los werden wollen und dabei alles nur verdrecken. Du siehst, Menschen sind nie

---

[95] Popp, „Biophotonen", S.292

allein im Körper erkrankt, alles korrespondiert. Im Körper wird dabei nur ein langer seelischer Prozess endlich sichtbar.[96]

Durch diese *Erschließung* eines solchen Prozesses im Organismus erfolgt immer zugleich auch im Bewusstsein eine höhere Integration, weil Gefühle selbst Schwingungsmodulatoren sind und Krankheiten als *erhöhte Sensationen, in höhere Seinsebenen übergehen wollen*[97], indem sie notwendige Krisen erzeugen, in denen die momentane Stabilität und Identität durch neue Herausforderungen in Frage gestellt und über das Biophotonenfeld des Organismus nicht mehr zusammengehalten werden können. Dabei versuchen in diesen Prozessen die Biophotonenstrahlungen, die ihren Ursprung in elektronisch angeregten Molekülen haben, auf eine höhere Umlaufbahn „umzuspringen". Denn jede Erkrankung besitzt immanent die Absicht und das Ziel einer Bewusstseinsgenese – *mens sana in corpore sano*; denn nur in einem gesunden Körper steckt immer auch ein gesunder Geist – d.h. je bewusster ein Mensch über sich und seinen Körper Bescheid weiß, um so gesünder wird er diesen erhalten können.

Krankheit bedeutet daher immer einen vorübergehenden Verlust an Kohärenz und ganzheitlichem Funktionieren, und Gesundheit ist im Gegensatz dazu als „Kohärenzphänomen" par Excellenze zu bezeichnen. Denn das biologische *Laserlicht* als funktionaler Träger dieser Prozesse besitzt einen sehr hohen Ordnungsgrad an *Kohärenz* und ist deshalb in der Lage, nicht nur informativ, sondern selbst ordnungsbildend zu wirken. In diesen Eigenschaften des Lasers als gebündeltes Licht wird auch deutlich, dass im Zusammenspiel von Energiefluss und Ordnung in der Kohärenz der wichtigste Schlüssel zum biophysikalischen Verständnis des Lebens zu sehen ist, weil dabei auch die Materie selbst beginnt, ihren *„Schwingungsaspekt zu offenbaren"*, genauso wie im Licht sich die Teilchen als Produkt einer kohärenten Überlagerung von Wellen eines grundlegenden Energiefeldes erweisen. Darum steht auch das Licht im Zellverband ständig zur immanenten Photoreparatur bei Störungen zur Verfügung. Es sind die notwendigen Regulationsaufgaben, die das Licht allerdings nicht mehr ausführen kann, wenn der Fluss der Energien so stark durch Erkrankungen blockiert wird, dass die Informationskanäle verstopft oder zerstört sind.[98]

Kooperation bedingt Kommunikation, und diese erfordert immer ein kohärentes Feld, was zugleich einen Zustand höherer Stabilität garantiert. Jeder neue Zustand entsteht dadurch, dass ein äußerer Reiz das Wellenfeld eines Orga-

---

[96] W. Smigelski, „Wege zur Erleuchtung"
[97] Novalis / Dethlefsen, a.a.O
[98] Biophotonen S.114 „Bei einem Zellverlust von zehn Millionen pro Sekunde muss der gesamte Zellverband mindestens innerhalb einer millionstel Sekunde informiert werden, und das ist praktisch Lichtgeschwindigkeit, um den Tod jeder Zelle einzeln registrieren zu können.

nismus moduliert und insofern auch erweitert, wodurch die Integration durch die Wiederherstellung eines höheren kohärenten Feldes als Antwort auf die Provokation der Krankheit zu sehen ist, und zwar entweder durch Hinzufügung oder Ausmerzung entsprechender Substanzen, die auf ihrer Schwingungsebene in der Lage sind, eine Fehlschwingung zu neutralisieren, bzw. eine Krankheit durch *„Verstopfung der Andockstellen"* im Blut (Schutzmechanismus bei Infektionen) zu verzögern.

Insofern kann man Krankheit generell als *„Entkoppelung"* bezeichnen, da im gesunden Zustand alle Resonatoren (schwingungsfähige Systeme) maximal gekoppelt funktionieren, wodurch ein gesunder Organismus als flexible Ganzheit vom integralen Biophotonenfeld zusammengehalten wird. Denn Gesundheit ist die Fähigkeit des Organismus sich jederzeit auch selbst zu regulieren[99] und ist zugleich auch die Intensität, mit der ein Organismus sich mit seiner Umwelt auseinandersetzt. Heilen wäre darum der Versuch, den Organismus wieder an die notwendigen Lebensenergien „anzukoppeln", und d. h. eine bewusste Annäherung ans „Heilseins" im Sinne einer „Einheit" innerhalb aller äußeren Polaritäten zu finden. Denn im Sinne der Quantenphysik sind alle Erscheinungen bestimmte Zustandsformen von Energien und damit *Schwingungsfelder unterschiedlicher Frequenzen.* Insofern sind alle Organismen schwingende Systeme (Oszillatoren und Resonatoren), die aufeinander einwirken. Darum garantiert allein die Frequenzstabilität der Biophotonenemissionen das Maß für die Gesundheit des Organismus.[100] Ein weiteres Kennzeichen von Gesundheit ist, dass das elektrodynamische Feld überhaupt flexibel auf alle möglichen Einflüsse reagiert, denn jeder lebende Organismus pulsiert mit individuellen rhythmischen Variationen, deren Intensitäten, Verzerrungen und Tendenzen durch Resonanz zu anderen Frequenzen verstärkt, verdichtet, beschleunigt oder verlangsamt werden.

Erkrankung bedeutet also immer einen Verlust der Stabilität einer bisher ausbalancierten Ordnung, weil ein Mensch über sein Bewusstsein ins Ungleichgewicht geraten ist. Vor allem muss man die bittere Wahrheit des Gesetzes von *Ursache und Wirkung* anerkennen, um in voller Klarheit zu verstehen, dass jeder Mensch im „Wenn und Dann" immer für die Folgen selbst verantwortlich ist, und weil es allein die Ursache ist, die unablässig ihr Ziel verfolgt, um als Signal

---

[99] Bischof, Biophotonen S. 290, Krankheit als Entwicklungskrise:„ es sind notwendige Krisen in der ständigen Auseinandersetzung mit der Umwelt, Entwicklungskrisen, in denen eine momentane Stabilität und Identität durch eine neue Herausforderung in Frage gestellt wird und nach einem neuen Zustand höherer Stabilität ruft."

[100] Bischof, S. 204 ff. „Diese Frequenzstabilität der Biophotonenemissionen stellt das Maß für die Gesundheit des Organismus dar.

darauf hinzuweisen, dass der Mensch durch *„falsches Denken und Handeln"* selbst für alle Störungen verantwortlich ist. Denn *„Die Energien der Gedanken haben einen direkten Einfluss auf die Steuerung der Körperphysiologie".*[101] So wird durch konstruktive wie destruktive Interferenzen von „Gedankenenergie" die Proteinproduktion der Zellen mit allen daraus abzuleitenden Funktionen direkt aktiviert oder gehemmt; und das verlangt, dass man einen viel sorgsameren Umgang mit Gedanken hegen müsste, um zu lernen, mit dem eigenen Denken achtsamer umzugehen, weil sich „falsche Denkenergie" immer physisch niederschlägt. *Wunderheilungen* sind die besten Beispiele für die enorme Kraft von Gedanken und keinesfalls zufällige Anomalien, sondern ganz im Gegenteil die wahren Wurzeln für ein umfassenderes Verständnis der Natur als alle offensichtlich „erklärbaren Fakten"; denn was ein Mensch nicht im Bewusstsein als Wahrheit hat, erscheint als *Signalsymptom* des Körpers für eine notwendige *Heilung eines Mankos in der Ganzheit* seiner Persönlichkeit und sollte im Sinne einer *Bewusstseinsgenese* verstanden und akzeptiert werden.

Diese allgemeinen Angaben haben nur dann einen Wert, wenn man im Auge behält, dass sie nur Verallgemeinerungen sind. Denn die Menschen befinden sich auf allen nur denkbaren unterschiedlichen Entwicklungsstufen. Auf diesen verschiedenen Stufen bieten sich darum auch unterschiedliche Ziele dar, deren jedes einen Fortschritt bedeutet, mit dem aber auch gewisse Schwierigkeiten verbunden sind.

1. Das Ziel eines supramentalen Menschen ist es, ein jedes Zentrum im Ätherkörper für die Strahlenenergie seiner Seele empfänglich zu machen, wobei alle anderen Strahl-Energien dieser untergeordnet sind. Wenn dieser Prozess der Stimulierung, der Neuanpassung und des Strebens nach einer festen Seelenvorherrschaft erreicht ist, bewirkt das, dass der physische Körper eine ganz andere Qualität und Beschaffenheit als vorher besitzt und die früheren Gesundheitsregeln und -Gesetze nicht mehr gelten.

2. Das Ziel des rein mental bestimmten Menschen ist es, die Kontrolle über die 7 Zentren (Chakren) im Körper durch Stimulierung zu fördern, was unvermeidlich Schwierigkeiten im Organismus erzeugt und durch Belebung oder Inspiration, bzw. durch das Fehlen der Energien in den Körperorganen die davon betroffenen Zentren beeinflusst.

3. Das Ziel des emotionalen Durchschnittsmenschen ist es, vor allem die Kräfte aus den Zentren unter dem Zwerchfell – über das Solarplexus-Zentrum – hinauf

[101] B. Lipton, a.a.O. S.123: „Die Energie der Gedanken hat einen direkten Einfluss auf die Steuerung der Körperphysiologie".

zu den Zentren oberhalb des Zwerchfells zu bringen. Die Energie aus der Basis der Wirbelsäule muss in den Kopf, die Energie des Sakralzentrums zur Kehle emporgehoben werden, während die Energie des Solarplexus zum Herzen geleitet werden muss, um in vollem Maß auf die Kraft der Persönlichkeit reagieren zu können, die sich vor allem im Mittelpunkt – dem Solarplexus – konzentriert, um dann diese Kräfte stetig und einsichtsvoll in Einklang zu bringen.

4. Das Ziel des primitiven oder unentwickelten Menschen (das unbewusst wirkt) ist es, ein voll animalisches, emotionales Leben zu führen, in dem er die Erfahrung des Wachstums, des Kontakts und schließlich des Verstehens macht. Wichtig ist dabei, dass die Ziele an und für sich selbst eine Wirkung auf das ausüben, was der Mensch im Außen zu erreichen strebt.

Alle diese Strebungen vermischen sich, gehen ineinander über und bilden oft einen schrecklich konfusen Spielplatz für Gedanken und Tätigkeiten. Nur im Leben des unentwickelten Menschen ist noch eine klare „Einfachheit" zu finden. Dazwischen, von der Kindheitsstufe des Menschen bis zur Befreiung vom Leben der Persönlichkeit, gibt es nichts als Verwicklungen. Alles greift ineinander: Bewusstseinszustände, Schwierigkeiten, Gesundheitsstörungen, psychologische Probleme, Krankheiten und Tod. Dies muss offensichtlich so sein, wenn die ungeheuer vielen Energien und Kräfte, die das Wesen eines Menschen ausmachen und seine Umwelt formen, miteinander in Beziehung gebracht werden. Jeder Mensch ist tatsächlich wie ein winziger „Wirbel" in diesem großen Meer des Daseins, in dem er lebt und west, und er ist so lange in unaufhörlicher Bewegung, bis die Seele mit dem Quantenbewusstsein endlich wieder vereint ist.

Mit anderen Worten:[102] Keine „medizinische Kausaltherapie" führt allein zur wahren Ursache einer Erkrankung, darum kann letztlich der Ausgang für eine Diagnose nur eine alle Faktoren umfassende Bewusstseinskonstellation sein, um bei einer solchen Betrachtung nicht nur den ganzen Menschen zu erfassen, sondern auch um die hinter allem Geschehen wirkende „Sinnhaftigkeit und Absicht" einer Krankheit zu erkennen. Denn nur so wird der zweite Pol zu einer rein funktional-kausalen Diagnose durch wichtige analoge Hinweise ergänzt, weil Symptome am stärksten auf die Absicht und das Ziel einer Erkrankung hinweisen. Allerdings braucht es Zeit, um dieses „Dahinterwirkende", die wahren Motive, zu finden, was letztendlich nur über eine Selbstanalyse ermöglicht wird, in welcher der Erkrankte einerseits *Täter und Opfer* in einer Person ist und andererseits immer auch die Gefahr besteht, eine erkannte Eigenverantwortung

[102] Dethlefsen, a.a.O., S. 108

für Erkrankungen durch Schuldzuweisen auf die Umwelt zu projizieren, was jede Heilung zunichte macht.

„Krankheitssymptome" am Körper sind Signale für verdrängte Fehleinstellungen, die im Funktionaldenken ein „verdecktes Schattendasein" führen. Heilung ist nur dann möglich, wenn man über das „Quantenbewusstsein" als Ergebnis der Selbsterkenntnis solche Störungen wieder aktualisiert oder „reanimiert", um sie dann zu überwinden und darüber heilsam wirken zu lassen. Denn eine konsequente und wahrhaftige Selbsterkenntnis umfasst nicht nur beide „Hälften" des Menschen, sondern versteht das Leben auch als ein gegenseitig aufeinander bezogenes Ganzes, wo hingegen das allein nur einseitig beobachtende Ich durch seine Abgrenzungen ständig das Erkennen des Ganzen verhindert, was Verblendungen erschafft. Über dem Einlasstor von Delphi steht der Spruch: *Erkenne dich selbst!* Es ist als Heilung der einzige Schritt, der aus diesem Dilemma herausführt; denn es ist die *„Ein-sicht"*, dass es innerhalb der Polarität kein absolutes, d.h. objektives *„Gut oder Böse"* gibt, sondern immer nur ein subjektives Bewusstwerden als Ergebnis eines momentanen Seins, wobei man immer sich und seine eigene Sichtweise verändern kann, denn im Außen selbst gibt es gar nichts zu verändern und zu verbessern.

Erst, wenn das begriffen ist, kann man eine fundierte Diagnose für eine therapeutische Methode erstellen, die von den obwaltenden bewussten Verwirrungen, falschen Wertmaßstäben und Verblendungen ausgeht und diese mit einbezieht, um sie als primäre Verursacher wirksam zu überwinden. Denn es sind gerade die entstellenden gedanklichen Einflüsse im Innern jedes einzelnen Menschen, die über Verblendungen und Täuschungen im Leben am stärksten auch im Körper „Verwirrungen" auslösen. Deshalb ist es notwendig, dass jeder für sich und an sich selbst arbeitet und lernt, jene Klarheit und Wahrheit zu schaffen, jene oft so tief eingefleischten schlechten Gewohnheiten zu erkennen und über eine reinigende Läuterung zu überwinden; und das bedeutet: jeder muss zunächst einmal sein eigenes Sonderproblem feststellen, zu welchem „Typus" er gehört und welcher dominante Aspekt im Leben der für ihn beherrschende ist.

Das Problem in unserem gegenwärtig so mechanistischen Zeitalter ist, dass die Wissenschaft nur an die „Oberfläche" der Dinge herangekommen ist, weil sich der Mensch von der teilweise richtigen Anschauung vergangener Jahrhunderte entfernt hat, eine Krankheit z.B. bis zu den *„üblen Temperamenten"* „zurückzuverfolgen", die im inneren, subjektiven Leben eines Patienten ausgebrütet wurden. Heute kann man zwar feststellen, dass man sich wieder um dieses vergessene Erkennen und subjektive Wissen bemüht, um auch den subjektiven Aspekt des Psychosomatischen zu berücksichtigen, weil in den Köpfen der besten Mediziner endlich die Erkenntnis dämmert, dass die wahren Ursachen für Krankheiten in den subjektiven, verheimlichten Denkweisen und Gefühlszuständen sowie in einem gehemmten oder ausschweifenden Geschlechtsleben zu suchen sind. Wenn man die Ursachen der Krankheit erörtern will, so ist man sich zwar durchaus dessen bewusst, dass die grundsätzliche und letzte Ursache für Erkrankungen außerhalb unseres Verstehens liegt, dass man aber nur in dem Maß zu einem wirklichen Verständnis gelangen kann, in dem man sich um diese „subjektiv" verborgenen Aspekte bemüht, weshalb die Rückführung der Verblendungen auf deren ursächlichen Motive auch Krankheitsprophylaxe ist, also Vorbeugung für zu erwartende Krankheiten durch Typbedingtheit und alle daraus folgenden Verblendungen.

Das Enneagramm

Um sich diese Typbedingtheiten etwas bewusster zu machen bietet *das Enneagramm*[103] eine sichere Hilfe auch für eine umfassendere medizinische „Diagnose" an. Denn es ist ein primäres Gebot, sich Klarheit über die eigenen Verblendungen zu verschaffen, die einen so massiven Einfluss auf das Bewusstsein, die Psyche und die Physis ausüben. Dabei behindern oft Vorstellungen wie persönliche Auserwähltheit, Einbildungen von begnadeten Leistungserfolgen, sowie Verblendungen eines selbstsüchtigen Schicksalsbewusstseins und Gottesgnadentums einen Menschen in all seinen Wahrnehmungen; denn diese Vorstellungen sind die Ursachen für solche Verblendungen, die meist verdeckt in der jeweiligen individuellen Disposition oder Idealvorstellung des eigenen Selbstbildes liegen. Darum hat wirkliche Selbsterkenntnis immer etwas mit innerer harter Arbeit zu tun, die schmerzhaft ist, und es gehört Mut dazu, diesen inneren Weg zu beschreiten. Das „Enneagramm" hilft, *alle diese illusionären Ideale und falschen Schuldgefühle aufzudecken und befähigt uns, unserem wirklichen Dilemma ins Auge zu sehen, wobei die eigentliche Fehlhaltung, die sich in „neun Wurzelsünden" manifestiert, meist verborgen bleibt, weil unsere „Sünden" ja gerade zu den Mitteln gehören, die wir bei der Verfolgung unserer falschen Ideale einsetzen."*

---

[103] Andreas Ebert, Richard Rohr; „Das Enneagramm", siehe auch Anhang

A. Ebert und R. Rohr listen in ihrer Typenlehre „Das Enneagramm" neun „Wurzelsünden" auf, die es erkennend für sich selbst anzunehmen gilt, was auch für jede Erkrankung als Folge dieses Übels, das jedem Menschen widerfährt, eine unerbittliche Bedingung ist: Akzeptanz der Krankheit, genau wie das Erkennen der eigenen Sünden, denn beides gehört zur Ganzheit des Lebens dazu. Das Enneagramm zeigt dem Menschen auf, dass ihn seine Vorurteile im Leben oft daran hindern, die Wirklichkeit „ganzheitlich" zu erfahren, und bietet exemplarisch für diese neun Charaktertypen, die sich auf neun Leidenschaften oder „Wurzelsünden" zurückführen lassen, Lösungen an. Man kann diese „Sünden" als Abwehrmechanismen verstehen, die in der frühkindlichen Entwicklung eines Menschen eingeübt und aufgebaut wurden, quasi als sogenannte „Autoprotektionen". Die ursprüngliche Vorstellung oder Annahme einer „Wurzelsünde" geht davon aus, dass der „Sündenbaum" eines Menschen immer von einer Hauptsünde, die von genetischen Anlagen oder dem Temperament vorprogrammiert ist, bestimmt wird. Diese gilt es herauszufinden und dann mit den „Wurzeln" auszureißen", um gleichsam damit den ganzen Sündenbaum zu fällen. Die Neun „Gesichter der Seelen" oder Wurzelsünden: sind: Zorn, Stolz, Lüge, Neid, Geiz, Furcht, Völlerei, Schamlosigkeit und Faulheit.

Es geht also darum, die primäre „Wurzelverblendung" aufzuspüren, wobei es die entscheidende Frage ist, auf welcher Seinsebene sich dieser Bewusstseinsschwerpunkt eines Menschen befindet, von dem die stärksten Impulse ausgehen und somit auch die entsprechenden „körperlichen Schwerpunkte" betroffen sind. Diese beiden Aspekte stehen in ständigem Wechsel von Projektion und Resonanz. Und das bedeutet, dass wir Menschen dazu neigen, aus der Projektion als der einen Hälfte aller Prinzipien ein Außen zu machen, weil wir sie als Resonanz im Innen nicht akzeptieren wollen. Und das Gesetz der Resonanz besagt, dass wir immer nur mit dem in Kontakt kommen können, zu dem wir in Resonanz stehen.[104] In diesem wechselseitigen Prozess tauchen immer Komplikationen auf, die naturgemäß vom Bewusstsein bis auf den Körper „durchschlagen", denn der Körper ist die Darstellungs- oder Verwirklichungsebene des Bewusstseins, wobei diese Störungen im Körper als Signale über Symptome sichtbar werden und immer auf beiden Ebenen quasi analoge Frequenzmuster bilden. Denn alle Bewusstseinsinhalte finden ihre Entsprechungen auch im Körper; denn so wie es sich im Körper abbildhaft zeigt, ist es auch in der Seele.

[104] T. Dethlefsen, a.a.O. S. 58, 113 ff.

Ausblicke und Zusammenfassung

Das wahrnehmende Bewusstsein hat im Laufe der menschlichen Entwicklung bekanntlich verschiedene Stadien durchlaufen, wobei die jeweils letzte erreichte Bewusstseinsstufe den Level des sich gewandelten vorherigen Bewusstseins bestimmt. Es handelt sich dabei immer um eine *„System-Immanente-Bestimmung"*, die im Bereich des Bewusstseins liegt und in keiner Weise der Substanz oder Materie selbst innewohnt. Unentwegt strömen Energien in die Menschheit als Ganzes ein, deren besondere Eigenschaft es ist, als Strahlenenergie das Bewusstsein zu beleben, um das zu erwecken, was in allen materiellen Formen verborgen ruht, nämlich das innere „spirituelle Sein". Diese „Strahlenenergien"[105], die auf die Menschheit einwirken, „erheben" immer wieder auch die „Natur" in ein neues Bewusstseinsstadium. Hierfür *„seufzt die ganze Schöpfung und plagt sich in Schmerzen bis zum heutigen Tag"*,[106] weil nur in diesem schmerzhaften Umwandlungsprozess das Geheimnis der „Auferstehung" liegt; denn *„wir werden alle verwandelt werden."*

Völker kommen auf die Weltbühne und verschwinden wieder, um aufs Neue zu erscheinen. Spirituelle „Wiedergeburt" und zyklisches Geschehen liegen hinter allem Wandel sichtbarer Formen. Dies ist ein Aspekt des pulsierenden „Gotteslebens" selbst, ein „Aus- und Einatmen" göttlicher Existenz und zugleich aller Manifestationen sowie das Geheimnis, das hinter der Doppelnatur von „Geist und Materie" als polaren Gegensätzen ruht. So wie die Energiestrahlen das ihrige tun, um den Menschen in eine Form zu bringen, die seine wesentliche und wirkliche ist, ebenso kann auch der Mensch über sein Bewusstsein dieses Werk *„mitgestalten und stetig fortsetzen"*. So wenig auch die Menschheit heute davon weiß, das Schöpfungswerk geht voran und der Plan wird erfüllt. Die heutige Wissenschaft hat den Nachweis der verschiedenen Energien im Kosmos bereits erbracht; und die wachsende Erkenntnis, dass jeder Mensch selbst ein energetisches Feld, ja sogar das Atom eine lebendige, schwingende Wesenheit ist, erhärtet diesen Gesichtspunkt.[107]

Die Energie ist der beherrschende Faktor in jeder Erscheinungsform, weil alle manifesten Formen aus Energie bestehen, und der Mensch bildet dabei keine Ausnahme. Das *„Licht als sichtbare Energiequelle"* auf Erden ermög-

---

[105] Einen solchen Strahlenschub erwartet die Menschheit im Jahr 2012, wobei dieser nicht zeitlich punktuell einsetzen, sondern sich auf eine Zeitspanne verteilen wird.
[106] Paulus / Römer 8,22
[107] Alice Bailey, „Das Bewusstsein des Atoms"

licht den Beweis jener Synonymität von „Materie und Energie" in der *Unschärferelation* von Welle und Teilchen[108]. Dieses ganzheitlich zu erfassen wird dem zukünftigen Quantenbewusstsein endlich möglich sein, denn das Quantenbewusstsein oszilliert zwischen Wellen- und Teilchenform als *Übersetzungsinstanz* schöpferischer Ideen in substanzielle Manifestationen. Unser funktional-kausales Ich-Bewusstsein erfasst dagegen die Welt nur in ihrer „Teilchendimension" und befindet sich ausschließlich in der system-immanenten Realität materieller Welten; denn je geringer die Frequenzschwingung ist, desto mehr „materialisiert" sich diese Realität, je höher die Frequenzschwingung ist, desto mehr verschiebt sich die Realität hin zum transparent Geistigen. Dabei geht es im Wesentlichen im Bewusstsein des Menschen um die *Wellenfunktionen* von Wille und Verstand; denn für eine solche Höherfrequentierung muss sich der Mensch selbst empfänglich machen, um Einstrahlungen passiv, aber dennoch bewusst zu empfangen, indem sich seine Ich-Autonomie einer höheren Instanz überlässt.

Mit dem Bewusstseinswandel in der Gegenwart werden in der Menschheit völlig neue „Schwingungsfelder" aktualisiert werden, die ein Umdenken auch im medizinischen Bereich verlangen. Bereits[109] mit der begrifflichen Unterscheidung zwischen Krankheit und Symptom (Bewusstseinsebene und Körperebene) verlagert sich die Betrachtung von Krankheiten zwangsläufig weg von einer bisher rein medizinischen Analyse des Körpergeschehens; denn Krankheiten sind viel mehr als bloße körperliche Störungen, sondern bedeuten immer den Verlust einer Harmonie, bzw. die In-Frage-Stellung einer bisher ausbalancierten Ordnung, wobei der Körper dafür lediglich die Darstellungsebene ist, über die ein Mensch sich des „Ungleichgewichtes" bewusst werden kann, das im Körper als Symptom manifest erlebbar ist. Das sichtbare Erscheinen von Symptomen *zieht die Aufmerksamkeit auf sich und unterbricht dadurch jäh die bisherige Kontinuität im Leben. Denn ein Symptom ist immer ein Signal, das erreicht, dass man sich mit ihm beschäftigen soll – was immer sich in einem Körper als Symptom manifestiert, ist sichtbarer Ausdruck eines unsichtbaren Prozesses und weist daraufhin, dass etwas nicht in Ordnung ist.*[110]

Insofern ist Krankheit im Leben als notwendige Entwicklungskrise eine entscheidende Hilfe für eine umfassendere Bewusstwerdung, und zwar so lange, bis man endlich bereit ist, die bittere Wahrheit zu ertragen: *Nur eine Krankheit macht den Menschen „heilbar".*[111] *„Fürchtet man dagegen die Krankheit*

[108] Diese neue physikalische Betrachtungsweise des paradoxen Wellen-Teilchen-Dualismus führte Niels Bohr ein. Dabei handele es sich weniger um Polaritäten, sondern um komplementäre Eigenschaften.
[109] Dethlefsen/Dahlke, a.a.O. S.19
[110] Dahlke, a.a.O. S.32
[111] Hardenberg/Novalis

als Defekt, werden die Regulationspotentiale des Organismus nicht genutzt. Bei Krankheiten liegt das Problem oft nicht so sehr darin, ob der Organismus mit der Herausforderung fertig wird, als vielmehr darin, ob wir in seine Fähigkeit (Selbstheilung des Körpers), dies zu bewirken, Vertrauen haben zu solch einer höheren Kohärenz (Bewusstsein), denn in einer wirklich ganzheitlich verstandenen Gesundheit muss auch dieser seelische und geistige Faktor berücksichtigt werden".

"Krankheit[112] ist ein Zustand des Menschen, der über körperliche Symptome darauf hinweist, dass der Mensch in seinem Bewusstsein nicht mehr in Ordnung und Harmonie ist; denn jeder Verlust des inneren Gleichgewichtes manifestiert sich im Körper als Symptom, das als Informationsträger "auffordert", diesem Beachtung zu schenken und signalisiert ferner, dass "uns etwas fehlt." Und das bedeutet, nicht nur bei der "Doppelbödigkeit" unserer Sprache stehen zu bleiben, um analoge Bedeutungen zu sichtbaren Symptomen festzustellen, sondern darüber hinaus nach den primär erzeugten Ursachen bei sich selbst zu suchen. Darin liegt auch der Unterschied zwischen Krankheit bekämpfen und Krankheit transmutieren; und das bedeutet: in wieweit hofft man immer noch, allein durch funktionale Maßnahmen Zustände zu verändern, oder ob man ein solches Vorgehen bereits als Illusion für sich entlarvt hat, was nur über eine radikale Selbsterkenntnis und die Bereitschaft geht, sich der Wahrheit zu stellen und nicht weiter unehrlich zu leben, was sehr viel bequemer ist. Der Weg des Menschen ist der Weg aus dem Unheil zum Heil, wobei die "Krankheit selber den Weg zur Heilung vorgibt"[113], deren primäre Ursachen letztendlich nur im Zusammenspiel von Antriebserlebnissen, Gefühlsregungen und kortikaler Bewusstwerdung zu finden sind. Denn Krankheiten sind immer Grenzsignale für die Seele, die daran anfängt, auf die Sterblichkeit des Leibes hin zu meditieren und den Menschen zwingt, den Weg zur Einheit nicht zu verlassen - deshalb ist Krankheit ein Weg zur Vollkommenheit.[114]

Fast alle Erkrankungen sind das Ergebnis eines gehemmten Seelenlebens und selbst verschuldet, wenn auch oft die Zusammenhänge nicht offensichtlich sind, doch die Seele bittet über Krankheiten immer um eine Umkehr im äußeren Leben, was für alle Formen in allen Dimensionen des Universums gilt. Die Kunst des Heilens besteht allein darin, die Seele wieder frei zu machen, so dass ihre Lebensenergien wieder durch die Organismen strömen können, aus denen eine manifeste Form besteht. Krankheiten entstehen primär durch drei Einflüsse: 1.Des Menschen eigene Vergangenheit, womit er den Preis für weit zurückliegende Irrtümer zahlt. 2. Seine genetische Erbmasse, und 3. Ist er mit der ganzen Menschheit und deren verdorbenen Energie-

---

112 Dethlefsen, a.a.O. S.22
113 Dethlefsen, a.a.O. S.32
114 Dethlefsen, a.a.O. S. 127

strömen verbunden und hat 4. mit der gesamten Natur daran teil. Das sind die vier *Urgesetze der Teilhabe am Übel!* (Polaritäten):

1. Jede Krankheit entsteht durch einen Mangel an Harmonie. Es handelt sich dabei immer um eine Disharmonie zwischen dem Formaspekt und dem inneren eigentlichen Leben. Krankheiten treten immer da auf, wo Seele und Form oder *subjektive und objektive Realität*, nicht genügend miteinander im Einklang stehen. Denn im Menschen sind *Geist und Materie* (Polaritäten) nicht frei und unabhängig miteinander verbunden.

2. Mangel an Harmonie verursacht jene Zustände, die Schmerzen bereiten und überall Stauung, Verfall und Tod bringen, wobei diese nicht Ursachen, sondern immer Folgen sind. Die Ursachen sind allein in den Spannungen zwischen Ich und Selbst, zwischen Geist und Materie zu finden, jener *„Unschärferelation"* zwischen Form und Leben.

3. Krankheiten sind über Symptome immer Grenzsignale für die Seele, die daran anfängt, sich zu orientieren und auf die Sterblichkeit des Leibes hin zu meditieren, wobei fast alle Erkrankungen selbst verschuldet sind, wenn auch oft die Zusammenhänge nicht offensichtlich sind.

4. Krankheit ist kein unabdingbares Übel, sondern ist richtig gesehen, eher ein Anstoß zu einem befreienden Umwandlungsprozess. Denn jede Erkrankung ist zwar äußerer Stillstand, aber so paradox es klingen mag, jede Krankheit bringt ins innere Leben wieder Bewegung, obwohl sich alle Lebensimpulse der Menschen gegen die Krankheit richten und sie die Furcht vor dem Sterben nährt; denn dieses übermäßige Verlangen nach Unversehrtheit der Form ist das lebensbestimmendste Prinzip aller Materie, um das Leben in der Form fortbestehen zu lassen und weiter geben zu können. Diese Furcht und Vorstellung zu überwinden, kann nur vom Menschen in der Anerkennung eines Weiterlebens nach dem irdischen Sterben als einem befreienden Vorgang verstanden werden, der dazu bestimmt ist, der Seele ein Fortleben in einer neuen Manifestation zu ermöglichen. Leider sind für diese Vorstellung eines *„ewigen Lebens"* die meisten Menschen vor allem im Krankheitsfalle noch nicht bereit.

Anhang

Zur Typenlehre des Enneagramms

Unter den verschiedenen Typologien ragt das Enneagramm (Neun-Typen-Lehre) heraus, weil es die offenkundige Vielfalt menschlicher Naturen in genügender Differenzierung vorstellt und dabei die spezifischen inneren Dispositionen eines jeden Typs für seine Weise der Interaktion mit anderen Menschen nachvollziehbar macht. Denn es schlägt eine wichtige Brücke zwischen Psyche, Mental und körperlichen Konstitutionen, was vor allem über den Charakter eines Menschen auf die damit verbunden seelischen und körperlichen Störungen Rückschlüsse zulässt. Denn jeder Typ hat seine bezeichnenden Schwächen und Stärken. Andreas Ebert und Richard Rohr gehen in ihrer Schrift von einer „Wurzelsünde" (Trennung vom Selbst) eines jeden Menschen aus, die auf alle seine Antriebsgestalten im Handeln und Denken fundamentale Aufschlüsse zum Verstehen der daraus folgenden Störungen anbietet. Genau wie die „Temperamente" gehören die „Wurzelsünden" zu den ursächlichen Voraussetzungen (vorgegebene / mitgegebene Dispositionen) im Leben und zwar analog den im fundamentalen Vitalgrund wirkenden quasi vorprogrammierten Antriebsmechanismen, die alle Intentionen eines Menschen in seinem Denken und Handeln ursächlich bestimmen. Von diesen Aspekten ausgehend hilft das Studium des Enneagramms vor allem bei einer Selbsterkenntnis, um den Ursachen für Erkrankungen auf den wahren Grund gehen zu können und bei einer Diagnose von Störungen die Tendenzen und Neigungen herauszufinden, die im Leben dazu führten, krank zu werden.

Ein paar Andeutungen zu den 9 Typen des Enneagramms (griech. *ennea* = neun) mögen in der nachfolgenden Tabelle (auf Seite 128-131) zur Veranschaulichung dienen. Das Enneagramm geht vom Grobraster der drei Gehirnzentren aus, die schon der Pädagoge Johann Heinrich Pestalozzi erwähnte, als er den Erziehern riet, Kopf, Herz und Hand des Zöglings zu entfalten und in Harmonie zu bringen. In der vorliegenden Schrift werden diese drei Zentren als Bewusstseinsebenen benannt:

    a) mental (vom Kortex bestimmt);
    b) emotional (vom limbischen System gesteuert);
    c) physisch (vom Stammhirn, instinktiv gesteuert).

Daher folgt nun der Versuch, in einer Tabelle, die aus den drei Bewusstseinsebenen der neun Typen des Enneagramms abgeleiteten Verhaltensweisen sowie die darin bereits vorgegebenen Dispositionen für Verblendungen und die unter diesen Voraussetzungen prädisponierten Erkrankungen zu veranschaulichen und abzuleiten.

Typ / Wurzel-Sünde	3 Bewusstseinsebenen und daraus abgeleitete Verhaltensweisen
EINS Zorn	a) mental: dominant willens- und verstandesbestimmt; starke Selbstkontrolle, vernünftig, gerecht, pflichtbe- wusst, perfekt, b) emotional: gering ausgeprägt, empfindlich, kritisch, „moralinsauer" c) physisch: rechthaberisch, intolerant, apodiktisch, selbst- gerecht, ungeduldig
ZWEI Stolz	a) mental: wenig ausgeprägte Objektivität, schwierige Selbstwahrnehmung, neugierig b) emotional: primäre Orientierung, Selbstmitleid, Schmei- chelei, Gefühlsduselei, Zwang gebraucht zu werden, Narzissmus, unterdrückte Bedürfnisse projizieren, dünkelhaft, anerkennungsbedürftig c) physisch: Kompensationen über Essen, Trinken, Einkau- fen, „Schokoholiker", Unterdrückung von Sexualität und Aggressionen
DREI Lüge, Täuschung	a) mental: primäre Orientierung, Erfolgsperfektionist, selbst- bewusst, Verstellung, Maske, Betrügt sich selbst und andere, Beifall heischend, Workaholic, oberflächlich b) emotional: unterentwickelt, nimmt seine eigenen Gefühle nicht wahr c) physisch: Konkurrenzkampf harter Arbeiter, Betrüger
VIER Neid	a) mental: elitäres Bewusstsein, manieriert, gekünstelt, krampfhafte Bemühung um Echtheit, künstlerische Subli- mierung, spleenig, snobistisch b) emotional: permanente Sehnsucht, Melancholie, süße Traurigkeit, manisch-depressives Schwanken zwischen Extremen, Exzentriker, c) physisch: „Vampirismus": bezieht Lebensenergie von anderen
FÜNF Geiz	a) mental: überwiegende Verstandesorientierung, intel- lektuelle Überlegenheit, gedankliches, Archivieren, beobachten, erfinden, entdecken, geistiger Hochmut, wissenschaftlicher Eros, introvertiert b) emotional: berührungsscheu, absolut gefühlsarm, Emo- tionskontrollen, c) physisch: Hypochonder, Abgrenzung, mit sich selbst geizen

Dispositionen für Verblendungen / Antriebsgestalten als Motivationen	Prädisponierte Erkrankungen
Fanatische Welterlösungsideen, moralische Bigotterie, zwanghafte Eigenwilligkeit *Antriebsmotivation: Perfektionismus, unerbittlicher Gerechtigkeitssinn, Vollkommenheitswahn*	Perfektionistische Zwanghaftigkeit schlägt sich primär auf den Halteapparat nieder in Form von Muskelverspannungen, Migräne, akut: Hexenschuss habituell. Ischialgien, Gicht, Rheuma-Syndrom, Migräne, Fibromyalgie Bindegewebserkrankungen
Scheinbarer Altruismus, falsche Liebe, Helfersyndrom, Selbstüberschätzung aus Überheblichkeit, Retter der Welt, aufgeblasenes inflationäres Ego, Unfähigkeit „NEIN" zu sagen und zur Selbstkritik, Ärger vertuschen *Antriebsmotivation: Hochmut*	Magenschleimhautentzündung, Erkrankungen des sympathischen Nervensystem, Schilddrüse, Verstopfung, Flüssigkeitssystem ist anfällig, Blasenschwäche, erhöhter Blutdruck, Adipositas, Venenentzündungen
Eitelkeit, „Chamäleon", Schauspieler, in jede Maske schlüpfen, Lüge und Täuschung, hinter eine Rolle sich verstecken, eine gut geölte Maske zeigen *Antriebsmotivation: Sich in Positionswerfen als Form des Geltungsstrebens*	Burnout, MS, Nervenerkrankungen Alzheimerkrankheit, Reizüberlastungen, Parkinson
Traumtänzer, Scham bei geheimer Lüsternheit, Imponiergehabe, Vermeidung der Gewöhnlichkeit bei gleichzeitigem Neid auf alles Natürliche und Normale *Antriebsmotivation: das Wegnehmenswollensund die Herabsetzung anderer*	Herzhypertrophie, Blase und Nieren-Erkrankungen, Drüsensystem, Lymphdrüsenkrebs, Sänfteverderbnis Immunschwäche, Leukämie, Venen-Erkrankungen, venöses Blut, Thrombose, Embolie, Blutungen
Habgier, intellektuelle Grenzziehung, hagestolzes abweisen, Angst vor Engagement und Einsamkeit, innere Leere als Schutzmechanismus vor Lebensabhängigkeiten *Antriebsmotivation: des habgierigen Hortens*	Gicht, Hautkrankheiten, Harn Übersäuerung, Rheuma, Verstopfung der Atemwege, Erkrankungen des Halteapparates, Bewusstseins-Delirien, Demenz, Gehirnkrankheiten Effloreszenzen (Hautausschläge) Nierensteine

Typ / Wurzel-Sünde	3 Bewusstseinsebenen und daraus abgeleitete Verhaltensweisen
SECHS Furcht	a) mental: gesteigertes Sicherheitsbedürfnis, Traditionalis- mus Entscheidungsschwäche, misstrauisch, zögerlich, vorsichtig b) emotional: Sehnsucht nach Geborgenheit, schützende Autoritäten, c) physisch: Kameradschaft, Militär. Banden, Sektierergrup- pierungen, Angst vor Erfolg
SIEBEN Völlerei, Unmäßigkeit	a) mental: Positivistisch, oberflächlicher Idealismus, Schwärmerei, Spaßmacher, spiritueller Konsumrausch, neugierig, albern b) Flucht vor schmerzhaften Abgründen, c) physisch: Völlerei, Unmäßigkeit adrenalinsüchtig
ACHT Schamlosigkeit, Unkeuschheit	a) mental: wenig ausgeprägt, Verachtung von Schwäche, Feigheit und Hilflosigkeit, Leugnung b) emotional: Leidenschaftlich c) physisch: exzessive Ausschweifung, Triebbefriedigung, Härte, Brutalität, Rache und Vergeltung, Schamlosigkeit
NEUN Faulheit	a) mental: wenig ausgeprägt, Selbstvermeidung, Renitenz als Verweigerung, Sturheit, zögern und zaudern, Friedensstifter b) bequem, antriebsschwach, Betäubung und Suchtver- halten c) vermeidet Arbeit und alles, was zu schwierig erscheint

Dispositionen für Verblendungen / Antriebsgestalten als Motivationen	Prädisponierte Erkrankungen
Sündenbockdenken, falscher Kadavergehorsam, kontraphobisches Überspielen der Furcht durch Waghalsigkeit, Übermut, Projizieren apokalyptischer Schreckensszenarien *Antriebsmotivation: Zurück-weichen , Zurückziehen aus Minderwertigkeitsgefühlen*	Allergie, Neurodermitis, Asthma, Depressionen, Gastritis, Morbus Hodgkin, Immunschwäche, Stress-Erkrankungen, nervöser Magen, Wirbelsäulenschäden
Verdrängung aller negativen Erfahrungen, Vergnügungssucht Weigerung den Schmerz wahrzunehmen *Antriebsmotivation: neugieriges Wichtigtun*	Migräne, Lebererkrankungen, Adipositas, Stoffwechselerkrankung, erhöhtes Zellwachstum, Tumorbildung, Muskelverspannungen, Darmkoliken, Verstopfungen
Fassade von Härte, scheinbare Gerechtigkeit, Machtverblendung, Terrorismus *Antriebsmotivation: cholerischer Primitivaffekt*	Knochensystem, Versteifung, Stein-Bildungen, Bluthochdruck, Muskel-Rheuma, Ablagerungen, Gallenkoliken, Übergewicht
Falsche Bescheidenheit, Unterlassungssünden aus Faulheit *Antriebsmotivation: Das sich Verschließen und Wegschieben*	Autoimmunerkrankungen, Adipositas Lymphadenitis, Elephantiasis, Gelenkrheumatismus, Stoffwechselerkrankungen

Literatur auf einen Blick

Anonymos .... Telepathie / Kommunikation der ZukunftAssagioli,

Roberto .... Psychosynthese / Junfermann

Augustinus .... Bekenntnisse /

Aurobindo, Sri .... Die Synthese des Yoga / Hinder 1972

Bailey, Alice .... Gesamtwerk / Genf 1932

Bernhard von Clairvaux .... Das Buch von den Stufen der Demut und des Stolzes/

St. Benno Bhave .... Der innere Frieden

Bauer, Joachim .... Das kooperative Gen 2008

Bischof, Marco .... Biophotonen / Zweitausendeins

Bohm, David .... Wholeness and implicate order / London 1980

Bonaventura .... Soliloquium / Kösel Verlag Kempten 1958

Bunyan, John .... Die Pilgerreise Oesch Verlag

Capra, Fritjof .... Das Tao der Physik

Chardin, Pierre Teilhard de .... Die Entstehung des Menschen / C.H.Beck 1981

Dahlke, Rüdiger/

Dethlefsen, Thorwald .... Krankheit als Weg

Davies, Paul .... Gott und die moderne Physik / Bechermünz Verlag

Delavre, Vladimir .... Signale aus anderen Welten

Dionysius Areopagita .... Die Hierarchie der Engel / München 1957

Dürr, Hans Peter .... Physik und Transzendenz / Scherz

Ewald, G. .... Lehrbuch der Neurologie und Psychiatrie

Frisell, Bob .... Aus der Zukunft in die Gegenwart

Gabriel, E. .... Ein integrales Weltbild / München 1991

Gebser, Jean .... Ursprung und Gegenwart / Novalis Verlag 1979

Gobi Krishna .... Kundalini-Yoga

Goswami, A. .... Das bewusste Universum

Grof, Stanislav .... Geburt, Tod und Transzendenz / rororo

Hartmann, Nicolai .... Ästhetik / München 1951

Hasselmann, Varda .... Archetypen der Seele

Häberli, Gerhard .... Die Einheit von Kosmos, Atom und Geist / Cosat-Verlag

Heisenberg, Werner .... Physics and Beyond / New York 1971

Hildegard von Bingen .... Der Mensch in der Verantwortung / Otto Müller Verlag

Hierzenberger, Gottfried .... Erkundungen des Jenseits –
Der Blick auf die andere Seite der Wirklichkeit

Jasmuheen (Ellen Greve) ...... Lichtnahrung

Kant, Immanuel .... Praktische Vernunft

Lawrence, T.E. .... Tagebuch von drüben Ansata

Lersch, Philipp .... Aufbau der Person / München 1953

Lipton, Bruce .... Intelligente Zellen 2008

Lorber, Jakob .... Das große Evangelium Johannes / Bietigheim 1981

Ludwiger, Illobrand von .... Die Erforschung unbekannter Flugobjekte

Maharshi, Ramana .... Seine Lehren / Kailash Buch

Meckelburg, Ernst .... Transwelt / Langen Müller

Nidle, Sheldon .... Der Photonring / Falk Verlag

Ouspensky, P.D. .... Auf der Suche nach dem Wunderbaren / München 1978

Planck, Max .... Where is science going? / New York 1932

Reich, Ewald .... Elektrizität und Lebensenergie

Rohr, Richard; Ebert, A. .... Das Enneagramm / München 1990

Sens, Eberhard .... Am Fluss des Heraklit / Insel Verlag

Sheldrake, R.; Fox, M. .... Engel – die kosmische Intelligenz / München 1998

Stein, Edith .... Gesamtwerk

Sutton, Christine .... Raumschiff Neutrino / Birkhäuser

Swedenborg, Emanuel .... Himmel und Hölle / Zürich 1977

Theos, Bernhard.................. Hatha Yoga Günter Verlag

Thomas von Aquino .... Die menschliche Willensfreiheit / Düsseldorf 1954

Tipler, Frank J. .... Die Physik der Unsterblichkeit dtv

Therese von Avila .... Der Weg zur Vollkommenheit

Therese von Avila .... Die innere Burg / Zürich 1979

Underhill, Evelyn................. Mystik / Bietigheim 1928

Upanishaden .... Dietrichs Gelbe Reihe

West, John A........................ Die Schlange am Firmament / Zweitausendeins

Wilber, Ken........................... Halbzeit der Evolution / Fischer 1998

Yukteswar, Sri...................... Die Heilige Wissenschaft / O.W.Barth 1976

Zoev Jho .... E.T. 101 / Zweitausendeins

Eigene Notizen

Eigene Notizen